Curso de Pedagogia

avanços e limites após as Diretrizes Curriculares Nacionais

EDITORA AFILIADA

Dados Internacionais de Catalogação na Publicação (CIP)
(Câmara Brasileira do Livro, SP, Brasil)

Curso de pedagogia : avanços e limites após as Diretrizes Curriculares Nacionais / Magali Aparecida Silvestre, Umberto de Andrade Pinto, (orgs.). — São Paulo : Cortez, 2017.

Vários autores.
ISBN: 978-85-249-2567-2

1. Diretrizes Curriculares Nacionais (Brasil) 2. Educação pública 3. Escolas - Organização e administração 4. Pedagogia 5. Pedagogos - Formação profissional I. Silvestre, Magali Aparecida. II. Pinto, Umberto de Andrade.

17-07622 CDD-370

Índices para catálogo sistemático:

1. Pedagogia 370

SELMA GARRIDO PIMENTA • JOSÉ CERCHI FUSARI
CRISTINA CINTO ARAUJO PEDROSO • ISANEIDE DOMINGUES • MARINEIDE DE OLIVEIRA GOMES
VALÉRIA CORDEIRO FERNANDES BELLETATI • VANDA MOREIRA MACHADO LIMA
JOSÉ CARLOS LIBÂNEO • MARIA LETÍCIA BARROS PEDROSO NASCIMENTO
ALEXANDRE DE PAULA FRANCO • JOSÉ LEONARDO ROLIM DE LIMA SEVERO

Magali Aparecida Silvestre
Umberto de Andrade Pinto
(Orgs.)

Curso de Pedagogia

avanços e limites após as Diretrizes Curriculares Nacionais

CURSO DE PEDAGOGIA: avanços e limites após as Diretrizes Curriculares Nacionais
Magali Aparecida Silvestre e Umberto de Andrade Pinto (Orgs.)

Capa: de Sign Arte Visual
Preparação de originais: Jaci Dantas
Revisão: Maria de Lourdes de Almeida
Composição: Linea Editora Ltda.
Coordenação editorial: Danilo A. Q. Morales

Direitos para esta edição
CORTEZ EDITORA
Rua Monte Alegre, 1074 — Perdizes
05014-001 — São Paulo — SP
Tel.: +55 11 3864-0111 / 3611-9616
Email: cortez@cortezeditora.com.br
www.cortezeditora.com.br

Impresso no Brasil — setembro de 2017

Sumário

Prefácio

No Relatório que antecede a proposta de Resolução que viria a estabelecer as Diretrizes Curriculares Nacionais para o curso de Pedagogia em 15 de maio de 2006, suas autoras definem tais diretrizes como "orientações normativas destinadas a apresentar princípios e procedimentos a serem observados na organização institucional e curricular" do curso. Assinalam também as autoras a existência de "proposições formalizadas nos últimos 25 anos" sobre as características e finalidades do curso. Somados aos 11 anos transcorridos desde então, podemos dizer que estamos há 36 anos tentando nos entender sobre uma questão pragmática: "Para que serve o curso de Pedagogia?" Provavelmente teríamos avançado mais na construção de uma resposta plausível para o curso se tivéssemos cuidado antes de outra pergunta crucial, de caráter epistemológico: "Em que consiste a Pedagogia, campo de conhecimento que dá nome ao curso?". Poderíamos ter avançado um pouco mais se tivéssemos nos preocupado também com outra pergunta crucial, esta de caráter institucional: "Onde o curso deverá ser oferecido para que possa atender satisfatoriamente as suas finalidades?"

Na ausência de perguntas ordenadoras, o debate se estendeu por vários anos sem que uma racionalidade mínima pudesse pautá-lo. Além dos previsíveis vieses políticos e ideológicos, impropriedades lógicas e conceituais se multiplicaram ao longo do tempo de discussão. Talvez isso explique o caráter subjacente de conclamação à harmonia e ao desarmamento de espíritos de que parece se revestir o texto final da Resolução CNE/CP n. 1/2006. Definindo, de início, o curso de Pedagogia como uma licenciatura, a Resolução atendeu às proposições hegemônicas na época. Para que outras proposições e outros entendimentos pudessem também ser contemplados, estendeu as possibilidades de ação para mais de uma licenciatura e acolheu ainda uma extensa variedade de perspectivas de trabalho pedagógico que transcendia os limites das instituições escolares.

Os 25 anos de proposições formalizadas a que as autoras do Relatório se referem dizem respeito a um processo de discussão de caráter nacional implantado em 1981 pelo MEC, que galvanizou desde logo as atenções do meio acadêmico e dos meios profissionais do campo educacional, não se circunscrevendo apenas ao curso de Pedagogia. Tratava-se, em realidade, de reexaminar criticamente toda a problemática da formação de educadores no país, nela incluída, como não poderia deixar de ser, a formação de pedagogos e pedagogas. Para as demais áreas de conhecimento escolar, a questão da licenciatura, a rigor, não se colocava. Para cada componente curricular da educação básica deveria existir necessariamente uma licenciatura correspondente a ser oferecida e exigida de quem se dispusesse a ensiná-lo. O que estaria em discussão seria o modelo a ser observado por cada licenciatura para a formação dos professores da área.

O princípio da transposição didática está, como sabemos, no centro do debate sobre as licenciaturas. Como proceder para que os produtos consolidados da reflexão humana pelas vias da ciência, da filosofia, da arte e da literatura venham a se transformar em conteúdos assimiláveis por gerações de estudantes em diferentes momentos de suas trajetórias escolares e existenciais constitui uma questão pedagógica por excelência. Antes e acima dela apenas uma outra questão assume maior relevância: como identificar no vasto mundo da cultura humana aqueles elementos que por sua relevância e por sua transcendência mereçam ser alçados à condição de componentes curriculares, ou seja, à condição de objetos de trabalho das escolas?

A ideia de diretrizes curriculares, em que pese a ênfase dos últimos anos nas potencialidades do projeto pedagógico de uma escola, parece carregar consigo também a ideia de que os professores não seriam capazes por si mesmos de produzir respostas satisfatórias para as perguntas feitas anteriormente. A identidade e até a respeitabilidade de uma escola dependeriam menos das escolhas de seus professores e mais da assimilação de determinações de amplitude nacional, válidas para todas as escolas.

A cultura pedagógica vigente no país, se pudermos chamá-la assim, parece concordar com esse entendimento. Algumas pessoas, não necessariamente professores/professoras, investidas de posições em órgãos de poder e outras, indicadas por aquelas vinculadas ao poder, comporão comissões especiais que indicarão o que deverá ser estudado em cada campo de conhecimento nos anos finais do ensino fundamental e no ensino médio. Nos anos iniciais do ensino fundamental, vários campos de conhecimento estarão sob a responsabilidade de um único professor. Na educação infantil a questão do conhecimento, em sentido estrito, ainda não estará colocada.

Aceitos os pressupostos, aceita-se também a história reiterada do processo de formação de professores para o sistema escolar brasileiro. Embora destinados ao trabalho na educação básica, os professores assim formados não são identificados pelo seu local de trabalho, mas pelos campos de conhecimento que pretendem desenvolver. Serão professores de português, matemática, história, geografia, ciências etc. E apenas subsidiariamente professores de educação básica. A lógica do direito à educação não será necessariamente o elemento norteador de sua formação e nem de sua atuação profissional.

Destinado ao trabalho com diferentes campos de conhecimento presumivelmente integrados nos anos iniciais do ensino fundamental, o licenciado em Pedagogia não dispõe do prestígio mínimo derivado do suposto domínio de um campo consagrado de conhecimento. Sujeita-se à crítica duplamente impiedosa dos que se pretendem especialistas: não domina nenhum campo específico e não é capaz de articular os diferentes campos que tem sob sua responsabilidade.

Na era da especialização sua polivalência não é uma virtude, é um problema a ser enfrentado.

Uma reflexão mais generosa e também mais adequada indicaria certamente que os licenciados em Pedagogia são também especialistas, e sua especialização é ainda mais significativa que a de seus colegas professores de disciplinas ensinadas a partir dos anos finais do ensino fundamental. Ser licenciado em Pedagogia significa estar comprometido com a qualidade do início do processo de escolarização e com a qualidade da preparação para esse processo, no caso da educação infantil. Sua especialidade decorre de um saber que não será ensinado diretamente a seus alunos, mas que é o fundamento necessário do trabalho a ser realizado com eles — o saber pedagógico. Nesse sentido, é possível dizer que a licenciatura em Pedagogia se caracteriza mais pelo domínio de um saber instrumento de trabalho do que pelo domínio de um específico saber objeto de trabalho.

Também é possível dizer que a licenciatura em Pedagogia é uma licenciatura paradoxal, uma vez que a ela não se aplica o princípio da transposição didática. Como disciplina a Pedagogia não é ensinada na educação básica, logo, não é necessário viabilizar instrumentos materiais e conceituais para seu domínio por estudantes nessa etapa do processo de escolarização. Dessa circunstância decorre um risco sempre ampliado de um efeito dominó perverso sobre os estudos pedagógicos em nosso país: como não é necessário ensinar Pedagogia, então não é necessário saber Pedagogia; como não é necessário saber Pedagogia, então não é necessário estudar Pedagogia; como não é necessário estudar Pedagogia, então não é necessário elaborar e desenvolver uma agenda de pesquisa sobre questões pedagógicas. A consequência final está à vista de todos, ainda que não pareça sensibilizar a ninguém: como disciplina acadêmica a Pedagogia, a rigor, não existe no Brasil, nem mesmo nos próprios cursos de Pedagogia. A consequência final carrega consigo uma ironia: a disciplina fonte da seleção e da adequação dos objetos de estudo não se constitui, ela própria, em um objeto de estudo.

A referência à Pedagogia como disciplina acadêmica, salvo melhor entendimento, só ocorre uma vez de maneira direta nas Diretrizes Curriculares do Curso. Isso se dá no parágrafo 1º do artigo 2º, quando se afirma que conceitos, princípios e objetivos da Pedagogia são influenciados pela ação educativa da docência. Não há nesse dispositivo a indicação de uma possível reciprocidade, ou seja, a de que a ação docente possa ser influenciada por conceitos, princípios e objetivos do saber pedagógico.

De maneira indireta, a disciplina Pedagogia comparece uma segunda vez no texto da Resolução como item inicial do **núcleo de estudos básicos** integrante da estrutura proposta para o curso. Trata-se, no caso, da "aplicação de princípios, concepções e critérios oriundos de diferentes áreas de conhecimento, com pertinência ao campo da Pedagogia (...)". O texto adota, como se vê, a concepção de alguns estudiosos para os quais a Pedagogia como campo de conhecimento seria portadora de uma *identidade segunda*, ou seja, seu trabalho teórico não seria original, mas sim decorrente da análise e assimilação de teorias e conceitos próprios de outros campos de conhecimento.

A perspectiva de uma *identidade segunda* para a Pedagogia traz no seu bojo também uma forma de acomodação. Sua razão normativa não seria arbitrária, estaria fundamentada na razão explicativa das disciplinas científicas. A Pedagogia cumpriria, assim, o ideal de articular o é da ciência com o deve ser da ética. Levada ao limite a ideia de uma *identidade segunda* para a Pedagogia poderia credenciá-la como a ciência da educação, pois nada a impediria de continuar operando suas sínteses abrangentes de modo a se apropriar de todo o universo das ciências da educação.

Uma perspectiva mais modesta sugere a Pedagogia como uma das ciências da educação, cabendo nesse caso a distinção entre o que seria próprio dela e o que seria comum a todas as ciências da educação.

Restariam ainda para a discussão duas outras hipóteses instigantes: a de que a Pedagogia simplesmente não deveria ser considerada uma ciência, e a de que ela poderia ser considerada uma ciência especial, "a ciência da e para a educação", nos termos da Pedagogia Dialética, de Schmied-Kowarzik, amplamente disseminados no Brasil.

A evocação aqui das muitas hipóteses sobre a epistemologia da Pedagogia não tem a intenção de propor a retomada da discussão, por mais sugestiva que essa discussão possa parecer. O que se pretende é apenas realçar o fato de que um documento de Diretrizes para o Curso de Pedagogia não se preocupou em incentivar minimamente o debate sobre a natureza do campo de conhecimento em que os estudantes iriam se especializar.

Outra questão tratada de maneira rarefeita e também acomodatícia diz respeito às Habilitações nas quais o curso se subdividia até então. O artigo 10 simplesmente informa que "as habilitações em cursos de Pedagogia atualmente existentes entrarão em regime de extinção, a partir do período letivo seguinte à publicação desta Resolução". Nenhuma palavra se segue quanto às implicações teóricas e políticas dessa determinação e nenhuma justificativa é apresentada quanto à sua razão de ser.

É possível que a ausência de qualquer detalhamento tenha se originado de uma suposta concordância plena com a determinação. Quem viveu as tensões da época certamente se lembrará que o termo "especialistas" no debate cotidiano era reservado a diretores, coordenadores e supervisores. Os professores, apesar da especialização dos campos de conhecimento que circunscreviam sua ação, eram apenas "os docentes" e, como tal, protegidos das imprecações lançadas sobre os malvados "especialistas", responsáveis, segundos alguns (ou muitos...), pelos males do sistema escolar brasileiro. Eliminadas suas figuras, a panaceia da "gestão democrática" se encarregaria da solução de todos os problemas...

Não foi o que aconteceu, como todos sabemos hoje. A diluição das figuras institucionais desaguou na sacralização da figura genérica do "gestor", esse ser "não político", especialista naquilo que Braverman chamou de "ciência do trabalho dos outros". A autonomia do professor, já contestada institucionalmente pela simples existência das Diretrizes, sofreu um golpe quase definitivo.

Definindo o Curso de Pedagogia como uma Licenciatura e, no mesmo ato, extinguindo as Habilitações que até então balizavam sua estrutura curricular, as Diretrizes estabeleceram um espaço subjacente, ainda que, talvez, não intencional, para a discussão das relações entre a docência, seu objetivo principal, e outras formas de trabalho pedagógico. O parágrafo único do art. 3º indica que são centrais para o licenciado em Pedagogia "o conhecimento da escola como organização complexa que tem a função de promover a educação para e na cidadania"; "a pesquisa, a análise e a aplicação dos resultados de investigações de interesse da área educacional" e "a participação na gestão de processos educativos e na organização e funcionamento de sistemas e instituições de ensino". Esses dispositivos, além de outros que irão se seguir, constituem a base legal para a manutenção entre os pedagogos das atribuições de direção, coordenação e supervisão das atividades escolares, genericamente reunidas a partir de então sob a rubrica da gestão escolar.

Infelizmente, esses dispositivos não se revelaram suficientes para estimular a comunidade acadêmica a investir tempo e instrumentos de pesquisa na elaboração de seu significado e de suas implicações. Ainda que a origem das atribuições emane do mesmo espaço curricular, ensino e administração escolar continuam a ser pensados como universos paralelos, analisados por teorias e conceitos provenientes de diferentes campos de conhecimento. Não se avançou na construção de teorias autônomas de gestão escolar, ou seja, de teorias que tomam a escola, suas salas de aulas e o trabalho coletivo que elas pressupõem como objetos prioritários e obrigatórios de investigação. Um único princípio (discutível) pareceu suficiente — a "gestão democrática" — como se nele estivessem sintetizados todos os elementos do "saber estruturado com vistas à objetividade" de que nos falava José Misael Ferreira do Vale desde os anos 1980. Aqui o problema não está nas Diretrizes, mas nos usos e costumes da comunidade acadêmica.

O princípio da gestão democrática das instituições de ensino está presente na LDBEN e na própria Constituição da República. Nem todos, porém, se deram conta ainda hoje de que ele só se aplica às escolas do setor público. Duas alternativas inquietantes se apresentam a seguir: a) ou não se trata verdadeiramente de um princípio, já que sua aplicação não é universal; b) ou a democracia não é um valor necessariamente presente na vida das escolas, já que as escolas privadas estão dispensadas de observá-la em seus mecanismos de gestão. Dessas dúvidas caminhamos para uma questão maior sobre a amplitude e a eficácia dos documentos de Diretrizes, relativos ao curso de Pedagogia ou a todos os outros cursos de formação de professores: é possível admitir a validade de Diretrizes Curriculares destinadas a todas as escolas, sejam elas públicas ou privadas? Cada vez mais intensamente no Brasil a lógica do direito à educação, pela qual deve se pautar a escola pública, é confrontada pela lógica do mercado educacional, pela qual se pauta a escola privada. Entre a solidariedade e a competitividade, para qual direção as escolas devem ser encaminhadas?

O tema central da distinção e da relação entre o mundo público e o mundo privado não é considerado nas DCNs do curso de Pedagogia, assim como também não é nas DCNs das demais áreas. Como é habitual no discurso pedagógico, fala-se, nesses documentos, das escolas em sentido amplo, sem levar em consideração as diferenças substanciais entre escolas do mundo público e escolas do mundo privado. De um lado se colocam o bem comum e o interesse coletivo; de outro, a propriedade privada e os interesses individuais. Direito não é mercadoria, embora em nossa forma de organização social a propriedade da mercadoria possa ser protegida como um direito superior ao próprio direito à vida. Direito é o conceito central para quem vê a educação como fator da construção da humanidade de todos e de cada um; mercadoria é a ideia-chave para quem vê a educação como bem individual, sujeito ao poder de compra de quem por ela se interessar.

Partindo de duas lógicas conflitantes, não se pode chegar a um discurso unitário capaz de atender a todas as necessidades. O discurso pedagógico, para ser validado como tal, terá que se pautar necessariamente pela lógica do direito à educação. Dela resultará a construção de sua universalidade.

Parece chegado o momento da proposição de novas questões ao temário da formação de professores: a) um processo de formação de professores poderá desconsiderar indefinidamente os dois caminhos possíveis para o destino profissional de seus alunos?; b) um futuro professor da escola pública pode concluir sua formação inicial sem uma análise sistemática do significado do trabalho docente na escola pública?; c) o discurso pedagógico existente dá conta das complexas questões envolvidas na formação dos educadores, em geral, e dos professores, em especial?

Diretrizes não são determinações. Segundo o Dicionário Aurélio, são "linhas reguladoras de um caminho ou estrada". Novas Diretrizes serão bem-vindas e podem ser necessárias. Mas é preciso cuidar para que elas não se constituam em obstáculos para os caminhos da autonomia docente.

São Paulo, outono de 2017.

Celestino Alves da Silva Junior

Apresentação

O curso de Pedagogia desponta como a terceira maior graduação em número de alunos matriculados no ensino superior brasileiro. Mantém esse lugar, consecutivamente, desde 2009. O último censo do Ensino Superior registra 655.112 matrículas, e que, em número de concluintes (123.867), a Pedagogia é o segundo maior curso (Censo 2015). Seja na modalidade presencial ou à distância, é oferecido em todas as regiões do país. Essa capilaridade do curso, decorrente de uma expressiva expansão — em especial nas duas últimas décadas —, justifica-se em parte pela responsabilidade que assumiu nos últimos tempos em formar professores para o início da escolarização.

Historicamente o *lócus* de formação dos professores para os Anos Iniciais da Educação Básica sempre foi em escolas de nível médio. Vem da época do Império a criação do Curso Normal para formar as professoras normalistas da escola primária, modelo que perdurou até o período militar, quando é extinto e substituído pelo curso de "magistério de 2º grau". A Lei de Diretrizes e Bases da Educação Nacional (LDBEN) de 1996 é um marco legal do início da transição de formação desses professores do nível médio para o ensino superior.

Somado a esse fato, o final do século passado e início dos anos 2000 foi marcado pela universalização do Ensino Fundamental (EF) e progressiva expansão da Educação Infantil (EI) em nosso país, o que provocou uma crescente demanda por professores polivalentes, tanto para atuarem nos anos iniciais do EF, quanto na EI, que passa a exigir — também a partir da atual LDBEN — formação específica aos seus professores.

Nesse contexto histórico, as Diretrizes Curriculares Nacionais (DCNs) do curso de Pedagogia, promulgadas em maio de 2006, consagram sua centralidade em torno da formação docente para os Anos Iniciais, transformando-o em uma Licenciatura, diferente de sua tradição como Bacharelado. A trajetória histórica do curso de Pedagogia no Brasil, até então, foi marcada pela formação de pedagogos para atuarem fora da sala de aula: como técnicos em educação, conforme a legislação que institui o curso em 1939; ou como diretores de escola, supervisores de ensino, orientadores educacionais, dentre outros "especialistas de ensino", conforme o Parecer n. 252/1969.

Depois de intensos debates e embates ao longo das décadas de 1980 e 1990 entre pesquisadores da área de formação dos profissionais do ensino, as DCNs do curso de Graduação em Pedagogia, uma das últimas a serem aprovadas como exigência da LDBEN de 1996, buscaram conciliar sua tradição histórica (Bacharelado) com as novas demandas (Licenciatura).

Decorridos onze anos da nova reestruturação do curso, cabe um balanço: de fato, o curso tem formado adequadamente seus egressos para atuarem em todos os campos de exercício profissional previstos pelas DCNs — docência na Educação Infantil e nos Anos Iniciais do Ensino Fundamental, gestão educacional e espaços não escolares?

O presente livro *Curso de Pedagogia no Brasil*, organizado em seis capítulos, foi concebido tendo como escopo fomentar o debate sobre essa questão. Todos os capítulos são produtos de pesquisas e estudos desenvolvidos por especialistas da área, que coadunam com os organizadores desta obra na defesa da democratização da educação pública de qualidade socialmente referenciada. Concordamos que o debate em torno dos cursos de formação inicial dos profissionais do ensino só faz sentido se estiver articulado à melhoria das aprendizagens que as crianças, jovens e adultos desenvolvem principalmente nas escolas públicas da Educação Básica. Aprendizagens essas que contribuam com a emancipação da condição humana numa sociedade tão marcada por desigualdades sociais, econômicas e culturais, que oprimem a grande maioria da população brasileira.

Assim, no capítulo 1, "Os cursos de Licenciatura em Pedagogia: fragilidades na formação inicial do professor polivalente", os autores abordam a formação de professores polivalentes no Brasil, apresentando dados de pesquisa sobre os currículos dos cursos de Pedagogia ofertados por instituições públicas e privadas no Estado de São Paulo. Os resultados apresentados evidenciam que a formação desses professores se mostra frágil, assim como a dos próprios pedagogos, e a análise dos resultados permite também apontar possíveis caminhos de superação de alguns dos problemas identificados.

No capítulo 2, "A formação de professores no curso de Pedagogia e o lugar destinado aos conteúdos do Ensino Fundamental: que falta faz o conhecimento do conteúdo a ser ensinado às crianças?", José Carlos Libâneo direciona o debate sobre a relação necessária entre os objetivos propostos para a escola de Ensino Fundamental e a organização e seleção de saberes profissionais que devem compor o currículo de formação, chamando a atenção para aspectos relacionados à formação de professores, especialmente quanto à formação no domínio dos conteúdos a serem ensinados nos Anos Iniciais do Ensino Fundamental.

No capítulo 3, "Curso de Graduação em Pedagogia: considerações sobre a formação de professoras para a educação infantil", Maria Letícia Barros Pedroso Nascimento problematiza as conquistas e as tensões presentes na formação de professores para a Educação Infantil tendo por base a promulgação das DCNs em 2006. Para tanto, apresenta os percursos da Educação Infantil no Brasil e seus principais desafios e tensões relacionadas à formação de professores para esse segmento e relaciona a formação inicial e as DCNs da Pedagogia, discutindo as intervenções, no caso do Estado de São Paulo, do Conselho Estadual de Educação.

O capítulo 4, "Formação dos Gestores Escolares: dos encontros e desencontros nos cursos de Pedagogia", Alexandre Franco retrata a formação de gestores educacionais ao discorrer o movimento histórico sobre a formação dos profissionais responsáveis pela coordenação do trabalho escolar no âmbito do curso de Pedagogia, os chamados inicialmente "técnicos", posteriormente "especialistas" e atualmente "gestores escolares". Problematiza o modo de tratamento dessa formação oferecida pelos cursos, demonstrando tendências predominantes na formação de gestores educacionais.

Temos então no capítulo 5, "A formação inicial de pedagogos para a educação em contextos não escolares: apontamentos críticos e alternativas curriculares", em que Lima Severo expõe o quadro problemático da formação de pedagogos para atuação em processos educativos não escolares. Destaca a centralidade do curso na formação de professores para a Educação Infantil e Anos Iniciais do Ensino Fundamental, induzida pelas DCNs, e aponta os desdobramentos dessa concepção nas condições de produção do conhecimento pedagógico e de engajamento profissional do pedagogo nos âmbitos escolar e não escolar.

Constatados os limites e os avanços do curso de Pedagogia na formação de educadores para atuarem em todas essas áreas abordadas nos capítulos anteriores, o último, "Graduação em Pedagogia: apontamentos para um curso de bacharelado", de Andrade Pinto, busca, de modo mais propositivo, contribuir com o debate urgente e necessário sobre outras alternativas de estruturação do curso e/ou de sua articulação com as demais Licenciaturas.

As problematizações propostas pelos autores sobre o curso de Pedagogia no Brasil evidenciam a necessidade e a urgência de se reestabelecer o debate sobre esse curso, enfrentando os limites indutores impostos pelas atuais Diretrizes Curriculares Nacionais. Para tanto, exige que se discuta a questão epistemológica da Pedagogia. Como sabemos, a Pedagogia é a ciência que toma *a educação* como seu objeto *exclusivo* de estudo, e o conhecimento pedagógico é fundamental para a formação dos profissionais da educação em todos os níveis de ensino. Entretanto, a discussão da especificidade da Pedagogia como *ciência prática* é imprescindível num curso que leva o seu nome. A ausência desse debate tem alimentado, inclusive, os discursos que desqualificam a formação teórica dos profissionais da Educação.

Finalmente, acreditamos que toda essa reflexão precisa de alguma forma alimentar as políticas públicas na área de formação dos profissionais da Educação, de modo que o curso de Pedagogia, junto às demais Licenciaturas, deem conta efetivamente da formação inicial dos professores para atuarem na Educação Básica pública, da formação dos gestores educacionais, e da formação de educadores para atuarem em espaços não escolares.

Magali Aparecida Silvestre
Umberto de Andrade Pinto

CAPÍTULO 1

Os cursos de Licenciatura em Pedagogia: fragilidades na formação inicial do professor polivalente

Selma Garrido Pimenta
José Cerchi Fusari
Cristina Cinto Araujo Pedroso
Isaneide Domingues
Marineide de Oliveira Gomes
Valéria Cordeiro Fernandes Belletati
Vanda Moreira Machado Lima
Umberto de Andrade Pinto

O presente artigo discute a formação de professores polivalentes no Brasil para atuarem na Educação Infantil e anos iniciais do Ensino Fundamental oferecida nos cursos de Pedagogia, visando contribuir na formulação de propostas que levem à melhoria da formação inicial de professores e das aprendizagens das crianças, jovens e adultos que se encontram nas escolas públicas de educação básica.

A discussão é empreendida a partir dos dados da pesquisa *A formação de professores para a Educação Infantil e para os anos iniciais do Ensino Fundamental: análise do currículo dos Cursos de Pedagogia de instituições públicas e privadas do Estado de São Paulo*, realizada entre os anos de 2012 e 2013, que contou com a participação de pesquisadores vinculados a diferentes instituições de ensino superior do país[1]. A referida pesquisa teve por objetivo analisar os cursos de Pedagogia oferecidos por instituições públicas e privadas do Estado de São Paulo por meio de suas matrizes curriculares.

A denominação de polivalente se refere ao professor dos anos inicias do Ensino Fundamental, que marca a atuação desse profissional desde as origens da então Escola Normal de Ensino Médio, nos finais do século XIX, cuja finalidade era formar o professor para ensinar as disciplinas (matérias) básicas: língua portuguesa (alfabetização), história, geografia, ciências e matemática. Essa denominação não mais aparece na legislação brasileira referente à matéria, inclusive nas Diretrizes Curriculares Nacionais (DCNs) do curso de Pedagogia de 2006. Entretanto, permanece a finalidade de formar professores para lecionar essas disciplinas básicas dos anos iniciais, e na realidade escolar brasileira os professores continuam atuando como polivalentes.

Como os cursos de Pedagogia do Estado de São Paulo estão organizados e qual o tratamento dado aos conhecimentos relacionados à formação do professor para atuar como polivalentes?

A formação em nível superior desses professores é recente em nosso país (1996). Anteriormente, ocorria em nível médio denominado de Curso Normal, criado ainda na época do Império e, posteriormente, como uma habilitação denominada Magistério de 2° Grau, instituído na década de 1970 sob o regime militar (Cortese; Fusari, 1989). Elevar a formação desses professores para o nível superior foi uma conquista das lutas empreendidas pelos educadores e pesquisadores da área

---

1. O texto deste capítulo foi publicado originalmente como artigo na revista *Educação e Pesquisa*, v.43, n.1, p.15-30, jan.-mar.2017. Todos os autores são integrantes do Grupo de Estudos e Pesquisas sobre a Formação de Educadores (GEPEFE/FEUSP).

no início da década de 1980. A Lei de Diretrizes e Bases da Educação Nacional (LDBEN) de 1996 em seu artigo 62 contempla parcialmente essa reivindicação:

> A formação de docentes para atuar na educação básica far-se-á em nível superior, em curso de licenciatura, de graduação plena, em universidades e institutos superiores de educação, admitida, como formação mínima para o exercício do magistério na educação infantil e nos 5 (cinco) primeiros anos do ensino fundamental, a oferecida em nível médio na modalidade normal (Redação dada pela Lei nº 12.796, de 2013) (Brasil, 1996).

Apesar de mantida a possibilidade da formação desses profissionais em nível médio, na maioria dos estados do país ocorreu a extinção desses cursos e generalizou-se a formação em nível superior nos cursos de pedagogia (Pinto, 2002).

A partir de então, travou-se intenso debate ao longo de dez anos em torno das Diretrizes Curriculares Nacionais para esses cursos. Os embates entre os pesquisadores da área gerou impasses decorrentes de desacordos sobre o entendimento epistemológico da Pedagogia como campo de conhecimento e, por decorrência, do profissional a ser formado nesse curso: pedagogo e/ou professor? (Saviani, 2007).

A promulgação das DCNs para o curso de graduação em Pedagogia, em 2006, não conseguiu contemplar as posições antagônicas desses desacordos e sacramentou finalmente sua centralidade na formação de professores para os anos iniciais do Ensino Fundamental e para a Educação Infantil (Pinto, 2011).

Entretanto, amplia essa formação, como se constata em seu artigo 4º:

> (...) O curso de Licenciatura em Pedagogia destina-se à formação de professores para exercer funções de magistério na Educação Infantil e nos anos iniciais do Ensino Fundamental, nos cursos de Ensino Médio, na modalidade Normal, de Educação Profissional na área de serviços e apoio escolar e em outras áreas nas quais sejam previstos conhecimentos pedagógicos.

> Parágrafo único. As atividades docentes também compreendem participação na organização e gestão de sistemas e instituições de ensino, englobando:
> I — planejamento, execução, coordenação, acompanhamento e avaliação de tarefas próprias do setor da Educação; II — planejamento, execução, coordenação, acompanhamento e avaliação de projetos e experiências educativas não-escolares; III — produção e difusão do conhecimento científico-tecnológico do campo educacional, em contextos escolares e não-escolares (Brasil, 2006).

Assim, observa-se um amplo campo de atuação profissional para o licenciado em Pedagogia que excede significativamente o exercício da docência, em especial, quando se propõe a preparar esse professor para a área da gestão educacional e atuação em espaços não escolares.

Os dados da pesquisa mostram que esse amplo espectro compromete a formação desse pedagogo como professor polivalente para atuar na educação infantil e nos anos iniciais do ensino fundamental, corroborando os estudos de Gatti e Barreto (2009); Leite e Lima (2010); Libâneo, (2010).

Com seus resultados, esperamos contribuir com as avaliações da experiência histórica recente no Brasil de formação em nível superior desses profissionais.

No início da referida pesquisa, em 2012, o Estado de São Paulo contava com 283 cursos de Pedagogia, conforme o sistema e-MEC[2]. No entanto, na consulta à página das Instituições constatamos que em 30 delas os cursos não estavam sendo oferecidos, configurando, portanto, um total de 253 cursos em atividade. Iniciada a busca das matrizes curriculares nos sites das Instituições, constatamos que em várias elas não se encontravam disponíveis. As tentativas de obtê-las por e-mail resultou em baixo retorno. Assim, o universo da pesquisa resultou em 144 matrizes curriculares de cursos de Pedagogia oferecidos por instituições públicas e privadas do Estado de São Paulo. Dessas, 137

---

2. Para obter a relação de cursos nesse sistema, selecionou-se, a partir da opção "Busca Avançada", a situação "Em atividade".

disponibilizaram a relação de disciplinas e as respectivas cargas horárias, e 07 disponibilizaram somente a relação das disciplinas.

Para análise das matrizes foi elaborado um instrumento de coleta de dados constituído de duas partes: uma com os dados gerais da instituição e do curso e a outra com as categorias que foram construídas a partir da leitura inicial das matrizes.

Os resultados evidenciam a insuficiência ou mesmo a inadequação dos atuais cursos de Pedagogia para formar professores polivalentes, uma vez que essa formação implica diferentes saberes: domínio das diversas áreas do conhecimento que compõem a base comum do currículo nacional dos Anos Iniciais do Ensino Fundamental e da Educação Infantil e os meios e as possibilidades de ensiná-los, assim como a identificação de quem são os sujeitos (crianças, jovens e adultos) que aprendem e se desenvolvem nesses ambientes educacionais e escolares. Em especial, os da escola pública que, na atualidade, traduzem em seus cotidianos questões que envolvem e afligem a sociedade brasileira, marcadamente desigual, multifacetada e diversa. Evidenciam, ainda, que a formação dos pedagogos no Estado de São Paulo, em sua grande maioria, se mostra frágil, superficial, generalizante, sem foco na formação de professores, fragmentada e dispersiva.

A seguir, serão apresentados dados obtidos na análise das matrizes curriculares, e uma discussão sobre os principais problemas que envolvem a formação de pedagogos nos cursos de pedagogia, conforme as atuais DCNs, de 2006. Embora a pesquisa tenha focado o curso como um todo, optamos por destacar a análise sobre a formação inicial do professor polivalente.

Os Cursos de Pedagogia no Estado de São Paulo — um retrato

Para um retrato possível dos cursos de pedagogia no Estado de São Paulo, os 144 cursos investigados serão apresentados inicialmente conforme três categorias: natureza administrativa (tabela 1); organização acadêmica (tabela 2); e tempo de integralização dos cursos (tabela 3).

Em relação à natureza administrativa, particular ou pública (federal, estadual ou municipal), constatou-se que do total de 144 cursos pesquisados, 125 (86,8%) são oferecidos por instituições privadas e apenas 19 (13,2%) por públicas. Desses, 08 são ofertados por instituições estaduais, 02 por federais e 09 por municipais, conforme a tabela a seguir:

Tabela 1
Distribuição das IES segundo sua Natureza Administrativa

Natureza	Nº de IES	% de IES
Privada	125	86,80
Pública Municipal	9	6,25
Pública Estadual	8	5,56
Pública Federal	2	1,39
Total	144	100,00

Fonte: Elaboração própria.

Em relação à organização acadêmica das IEs — Universidade, Centro Universitário ou Faculdade —, os 144 cursos se distribuem como segue:

Tabela 2
Distribuição das IES segundo sua Organização Acadêmica

Tipo	Nº de IES	% de IES
Universidade	26	18,06
Centro Universitário	19	13,19
Faculdade	99	68,75
Total	144	100,00

Fonte: Elaboração própria.

Quanto ao tipo de instituição, identificou-se que 99 cursos (69%) pertencem a Faculdades, 19 (13%) a Centros Universitários e 26 (18%) a Universidades.

Os dados dessas Tabelas mostram que a expressiva maioria dos cursos de Pedagogia no Estado de São Paulo são oferecidos por instituições privadas, que somam 125 (86,80%), e por Faculdades e Centros Universitários (118 = 82%), nas quais a prática da pesquisa não é exigida pela legislação.

A tabela 3 apresenta a relação das instituições conforme a natureza administrativa e o tempo de integralização dos cursos em semestres.

Tabela 3
Distribuição das IES segundo o Tempo de Integralização dos cursos por Natureza Administrativa

Tempo de Integralização em Semestres	Total IES	% IES	Natureza administrativa							
			Pública Federal		Pública Estadual		Pública Municipal		Privada	
			Nº IES	%	Nº IES	%	Nº IES	%	Nº IES	%
06	47	32,6	—	—	—	—	03	6,4	44	93,6
07	28	19,4	—	—	—	—	01	3,6	27	96,4
08	67	46,6	—	—	08	12,0	05	7,5	54	80,5
09	1	0,7	01	100,0	—	—	—	—	—	—
10	1	0,7	01	100,0	—	—	—	—	—	—
Total	144	100,00	02	1,4	08	5,5	09	6,3	125	86,8

Fonte: Elaboração própria.

A tabela acima mostra que 47 cursos (32,6%) são oferecidos em 06 semestres, desses 44 (93,6%) ocorrem nas instituições privadas. Somados aos 27 cursos que são oferecidos em 07 semestres por instituições da mesma natureza, conclui-se que 71 cursos oferecidos por instituições privadas têm duração de 03 anos ou 03 anos e meio, mínimos exigidos pela Resolução CNE/CP nº 2/2002 (Brasil, 2002a)[3].

3. As atuais Diretrizes Curriculares Nacionais para a formação inicial e continuada em nível superior, instituídas pela Resolução CNE/CP nº 2/2015 (Brasil, 2015), ampliam esse mínimo

Esse total (71) é superior ao total de cursos oferecidos por instituições privadas em 08 semestres (54). Portanto, prevalecem nas instituições privadas cursos com duração inferior a 04 anos.

Dentre as públicas, apenas 04 (municipais) oferecem curso em 03 anos ou 03 anos e meio. Nos 15 cursos restantes, oferecidos por instituições públicas, o tempo de integralização em sua maioria é de no mínimo 08 semestres (13 instituições com 08 semestres; e 02 com 09 e 10 semestres), portanto, em 04 anos ou mais.

Esses dados confirmam os estudos de Gatti e Barreto (2009), que teve por amostra 71 cursos presenciais de Pedagogia do país, e de Libâneo (2010), que teve por amostra 25 cursos de Pedagogia do Estado de Goiás. A formação do pedagogo no país (e em São Paulo com 144 instituições ora analisadas) ocorre, predominantemente, em instituições privadas, e em sua maioria Faculdades e Centros Universitários, com duração menor do que 4 anos (ou 8 semestres).

Na mesma direção, o estudo realizado por Leite e Lima (2010), que analisou 1.424 cursos de Pedagogia no Brasil, conclui que a região Sudeste é a região que mais oferece cursos dessa natureza no país, com oferta concentrada no Estado de São Paulo, sendo que, em 2008, 90% desses cursos eram oferecidos por instituições privadas.

Matriz curricular dos cursos de Pedagogia: o que os dados indicam

Para a análise das matrizes curriculares dos 144 cursos, foram definidas 09 categorias e suas subcategorias, construídas a partir das próprias matrizes, e apresentadas no Quadro 1, a seguir.

---

para 3.200 (três mil e duzentas) horas de efetivo trabalho acadêmico, com duração mínima de 8 (oito) semestres em 4 (quatro) anos, para todas as Licenciaturas que formam professores para a Educação Básica (Brasil, 2015, p. 11).

Quadro 1
Distribuição percentual da Carga Horária e do Número de Disciplinas, em cada uma das Categorias, em relação aos totais gerais do conjunto dos cursos.

Categorias	Quanto à carga horária (Total geral: 402.440 h)	Quanto ao nº de disciplinas (Total geral: 7.203 disciplinas)
1. Conhecimentos relativos aos fundamentos teóricos da educação	16,41%	15,58%
2. Conhecimentos relativos aos sistemas educacionais	5,64%	5,34%
3. Conhecimentos relativos à formação profissional docente	38,12%	36,92
3.1 Conhecimentos relativos às áreas disciplinares sem especificação do nível de ensino	23,77%	23,42%
3.2 Conhecimentos relativos à Educação Infantil	4,63	4,43
3.2.1 Áreas disciplinares /Linguagens na Educação Infantil	2,41%	2,36%
3.2.2 Outros conhecimentos da Educação Infantil	2,22%	2,07%
3.3 Conhecimentos relativos aos anos iniciais do ensino fundamental	1,65%	1,68
3.3.1 Áreas disciplinares no Ensino Fundamental	1,20%	1,24%
3.3.2 Outros conhecimentos do Ensino fundamental	0,45%	0,44%
3.4 Conhecimentos relativos à educação infantil e ensino fundamental	1,43%	1,19%
3.5 Conhecimentos relativos à Didática	6,64%	6,19%
4. Conhecimentos relativos à Gestão Educacional	6,73	6,35
4.1 Relativos à escola	6,37%	6,03%
4.2 Relativos aos espaços não escolares	0,36%	0,32%
5. Conhecimentos relativos ao estágio supervisionado e às práticas de ensino	4,57%	4,87%
5.1 Sem especificação do nível de ensino	3,13%	3,53%
5.2 Com especificação do nível de ensino	1,44%	1,31
5.2.1 Conhecimentos relativos ao estágio e às práticas de ensino na Educação Infantil	0,53%	0,42%
5.2.2 Conhecimentos relativos ao estágio e às práticas de ensino no Ensino Fundamental	0,54%	0,47%
5.2.3 Conhecimentos relativos ao estágio na Gestão Educacional	0,37%	0,42%
6. Conhecimentos sobre ações de pesquisa e Trabalho de Conclusão de Curso/Monografia	6,78%	7,47%
7. Conhecimentos relativos às modalidades de ensino, às diferenças, à diversidade e às minorias linguísticas e culturais	8,10%	8,51%
8. Conhecimentos integradores	2,61%	2,33%
9. Outros conhecimentos	11,05%	12,68%
Total	100,00%	100,00%

Fonte: Elaboração própria.

A análise inicial do Quadro 1 permite verificar uma grande quantidade e diversidade de disciplinas oferecidas pelos cursos investigados, muitas delas sem aderência à docência e às questões próprias dos anos iniciais da educação básica. O que sugere um perfil amplo, disperso e impreciso do egresso dos cursos analisados, definidos conforme as Diretrizes Curriculares Nacionais para o Curso de Pedagogia (Brasil, 2006).

A análise detalhada das categorias expostas nesse quadro mostra que a categoria 3: ***Conhecimentos relativos à formação profissional docente*** representa o maior percentual — em torno de 38% da carga horária dos cursos — entre as categorias descritas. Ela contempla disciplinas relacionadas aos conteúdos curriculares (Língua Portuguesa, Matemática, História, Geografia, Ciências, Artes, Educação Física, Alfabetização, Movimento, Linguagem oral e escrita, Natureza e Sociedade, por exemplo), normalmente vinculados às suas respectivas metodologias de ensino, assim como outros conteúdos relacionados com a prática docente na Educação Infantil e nos anos iniciais da escolarização e conhecimentos relativos à Didática (item 3.5). No entanto, percebe-se que desse percentual de conhecimentos profissionais, a maioria, 23,77% (referente à carga horária), e 23,42% (referente ao número de disciplinas), não especifica se se referem à formação para os Anos Iniciais do Ensino Fundamental ou para a Educação Infantil.

O segundo maior percentual refere-se à categoria 1: ***Conhecimentos relativos aos fundamentos teóricos da educação*** — 16,41%. Embora esse percentual possa parecer expressivo, possivelmente não seja suficiente para garantir a formação básica do professor na área de educação — área extremamente complexa, que exige uma multirreferencialidade em diferentes campos científicos, como sociologia e filosofia da educação, por exemplo.

O terceiro maior percentual (11,05%) refere-se à categoria 9: ***Outros conhecimentos***. Chama a atenção o fato de esse percentual ser constituído por disciplinas que não se enquadraram em nenhuma das oito categorias anteriores. São exemplos de disciplinas dessa categoria 9: *Educação e Direito; Antropologia Teológica; Mídias em Educação; Introdução* *à Crítica do Conhecimento; Cosmovisão Bíblico Cristã; Antropologia Cristã; Fundamentos do Cristianismo; Movimentos Sociais; Interpretação Bíblica da História; Ciência e Religião; Ética Cristã e Profissional; Religiosidade e Competência Profissional; Metodologia da Alfabetização pela Bíblia; Empreendedorismo, Sustentabilidade e Educação Ambiental; Relações Interpessoais e Grupais; Imagens da Ética na Educação; Noções de Epidemiologia e Saúde Pública; Escola, Comunidade e Movimentos Sociais; Aprendizagem e Direitos Humanos; Jogos On Line; Dinâmica Psicossocial em Educação; Educação, Trabalho e Cidadania; Novas Tecnologias da Educação: mediação tecnológica; Mídias e Trabalho Docente; Psicopedagogia; Fonética e Fonologia; Direito Educacional; Ecopedagogia; Educação para Valores*, entre outras. Pode-se afirmar que essa diversidade de disciplinas não aponta para um aspecto favorável das matrizes, mas, sim, à dispersão na formação do pedagogo e de professor.

As categorias 2: ***Conhecimentos relativos aos sistemas educacionais*** e 4: ***Conhecimentos relativos à Gestão Educacional*** apresentam carga horária e número de disciplinas pouco representativas, tal como mostra o Quadro 1. Esses dados são preocupantes, pois o campo de conhecimento relacionado a essas categorias, ao tratar da organização dos sistemas de ensino e das políticas curriculares, podem contribuir para a formação do professor numa perspectiva crítica. Especificamente em relação à categoria 4, cabe destacar que, pelos dados encontrados, a formação do gestor, tanto para os contextos escolares como para os não escolares, se encontra bastante comprometida nos cursos investigados.

A categoria 5: ***Conhecimentos relativos ao estágio supervisionado e às práticas de ensino*** contempla as disciplinas relacionadas ao estágio supervisionado e às práticas de ensino. Com essa categoria buscou-se identificar nas matrizes curriculares dos cursos a existência de espaços efetivos de orientação e supervisão de estágio e das práticas de ensino. É salutar expressar a complexidade da investigação sobre esse campo, pois as matrizes apresentam disciplinas relacionadas aos estágios curriculares, mas apresentam também o próprio estágio curricular obrigatório em meio às demais disciplinas. Assim, foram selecionadas para a categoria 5 apenas as disciplinas que explicitamente se relacionavam à supervisão e orientação de estágio ou às práticas de ensino, não considerando, portanto, o estágio obrigatório realizado pelos alunos. Foi possível identificar que aproximadamente metade das instituições investigadas não dedica nenhuma disciplina para supervisão e acompanhamento dos estágios.

A categoria 6: ***Conhecimentos sobre ações de pesquisa e Trabalho de Conclusão de Curso/Monografia*** representa apenas 6,78% da carga horária total e 7,47% do total de disciplinas. A variedade de nomenclatura de disciplinas dessa categoria aponta para uma preocupação maior dos cursos com os conhecimentos relacionados à organização metodológica do trabalho científico do que com a formação do professor para a pesquisa, como apontam os estudos avançados na área (Ghedin et al., 2015).

A categoria 7: ***Conhecimentos relativos às modalidades de ensino, às diferenças, à diversidade e às minorias linguísticas e culturais.*** Nessa categoria estão situadas as disciplinas que tratam das diferentes modalidades de ensino e ainda das diferenças, diversidade e minorias linguísticas e culturais. A presença dessas disciplinas nos cursos analisados decorre possivelmente das legislações que têm recomendado a inserção de conteúdos referentes a essas temáticas nos cursos de Pedagogia, como as Leis n° 11.645/2008 (Brasil, 2008) e 10.639/2003 (Brasil, 2003), que estabelecem as diretrizes e bases da educação nacional para incluir no currículo oficial da rede de ensino a obrigatoriedade da temática *História e Cultura Afro-Brasileira e Indígena*; o Decreto n° 7.611/2011 (BRASIL, 2011), que reafirma o direito das pessoas com deficiência a realizar a escolarização no sistema educacional geral e a necessidade de formação dos profissionais da escola na perspectiva da educação inclusiva; a Lei 10.436/2002 (Brasil, 2002b) e o Decreto 5.626/2005 (Brasil, 2005) que, respectivamente, reconhecem a Língua Brasileira de Sinais como meio oficial de comunicação e expressão de comunidades surdas no Brasil e recomendam a sua inserção como disciplina obrigatória nos cursos de formação de professores, e as Diretrizes Curriculares Nacionais para o Curso de Pedagogia (Brasil,

2006), que recomendam a formação do pedagogo para atuar também na Educação de Jovens e Adultos. Entretanto, apresenta disciplinas e carga horária referentes a cada um desses campos insuficientes para garantir a formação do professor para atuar nas diferentes modalidades e com as diferentes especificidades.

A categoria 8: ***Conhecimentos integradores***, foi incluída para a análise das matrizes com o objetivo de identificar nos cursos a presenção de uma perspectiva de organização curricular integradora ou interdisciplinar. O índice encontrado foi muito baixo, o que mostra a prevalência nos cursos investigados de uma perspectiva disciplinar que, de modo geral, suscita um tratamento fragmentado dos conhecimentos escolares/áreas de conhecimento dos anos iniciais do ensino fundamental e da educação infantil, dificultando a atuação docente na perspectiva integradora.

No que se refere à formação e à atuação profissional do pedagogo, as DCNCP de 2006 definem um amplo espectro: educação infantil, gestão educacional, educação especial, educação inclusiva, minorias linguísticas e culturais, educação no campo, educação de jovens e adultos, educação indígena, educação ambiental e educação em espaços não escolares. Nos Pareceres que a antecedem, explicita-se a intencionalidade de que seja superada a fragmentação da formação profissional do pedagogo traduzida nas então habilitações de Supervisão Escolar, Orientação Educacional, Administração Escolar e Educação Especial.

Percebe-se ainda que as IESs oferecem disciplinas nas áreas de Matemática, de Língua Portuguesa e de Informática Instrumental, possivelmente com o intuito de suprir defasagens da escolarização básica dos alunos ingressantes nos cursos de Pedagogia.

Esse conjunto de aspectos ilustra a difusão e dispersão na formação do pedagogo, o que acaba por inviabilizar uma sólida formação de professor polivalente para os Anos Iniciais do Ensino Fundamental e da Educação Infantil.

Essas evidências apontam para uma urgente transformação das diretrizes curriculares nacionais dos cursos de pedagogia. Se não por outros, pelos aspectos que os dados da pesquisa evidenciam:

a fragilidade do estatuto de profissionalidade dos pedagogos, que de um modo ou de outro se inserem nas escolas como docentes polivalentes. E, sobretudo, porque formados com essas fragilidades dificilmente estarão em condições de conduzir processos de ensinar e de aprender, que contribuam para uma qualidade formativa emancipatória de todas as crianças, jovens e adultos que frequentam os anos iniciais da educação básica.

Cursos de Pedagogia: alguns encaminhamentos possíveis

Preocupados com esse cenário descrito anteriormente, trazemos a seguir alguns aportes teóricos e resultantes de nossos estudos e pesquisas sobre a formação de professores.

1. Professor polivalente e enfoque interdisciplinar

Os dados da pesquisa mostram que prevalece nos cursos um enfoque disciplinar o que leva a fragmentar e fragilizar a formação do pedagogo docente para atuar nos Anos Iniciais do Ensino Fundamental e na Educação Infantil. Esse professor permanece como um Professor Polivalente, assim configurado desde as suas origens. No entanto, a questão da formação do professor polivalente desapareceu dos cursos de Pedagogia, das discussões, das pesquisas e das legislações. Por quê? Será uma questão irrelevante? Faz sentido falar em polivalência nos dias atuais? Os professores que atuam na Educação Infantil e nos Anos Iniciais do Ensino Fundamental I não mais atuam como polivalentes?

Parece-nos necessário colocar essa questão no contexto de matrizes curriculares fragmentadas em disciplinas. E aí caberia indagar os avanços na área de currículo que apontam para a interdisciplinaridade. Um curso de Pedagogia interdisciplinar poderia superar a fragmentação presente na formação dos pedagogos docentes com vistas a se inserir profissionalmente como Professor Polivalente?

Nas matrizes curriculares examinadas encontramos o índice aproximado de 2% de disciplinas que expressam alguma organização curricular mais integradora ou interdisciplinar, por meio de projetos integradores e/ou atividades em que os estudantes pudessem introduzir as aprendizagens construídas nas diferentes disciplinas. Entendemos que a não previsão de uma organização curricular com tais características pode deslocar para a responsabilidade dos estudantes uma ação inerente à formação do professor polivalente, qual seja, a integração entre áreas de conhecimento, oriunda de diferentes saberes.

2. Sobre a diversidade de disciplinas ou ausência de foco

Os cursos apresentam um grande leque com inúmeras e diversificadas disciplinas, possivelmente para preparar o pedagogo para atuar nas diversas áreas, suprir a formação anteriormente realizada pelas antigas habilitações e ainda atender às legislações e políticas específicas e complementares às próprias Diretrizes Curriculares Nacionais para a Formação do Pedagogo e às outras demandas sociais para a sua atuação.

Frente a esse panorama, cabe indagar: e se o pedagogo for formado para ser pedagogo escolar (onde se inclui a docência nos anos referidos), e na medida em que vier a se inserir profissionalmente em alguma especificidade do campo social da educação, por exemplo, educação especial, minorias linguísticas e culturais, educação no campo, educação de jovens e adultos, educação indígena, educação ambiental, tecnologias da informação e comunicação, pudesse voltar às instituições formadoras para se aprofundar na área de atuação na qual se inseriu? Ou mesmo se nas Faculdades de Educação (que, por natureza, não deveriam se resumir a oferecer apenas o curso de Pedagogia), os estudantes pudessem cursar percursos formativos que se comunicam e se diversificam conforme as demandas sociais, regionais, expressas nos projetos político-pedagógicos das instituições formadoras?

O que se constatou é que em algumas instituições são oferecidas uma ou duas disciplinas para responder ao que as DCNCP definem para atender às minorias, diversidades, modalidades de ensino etc. Tal configuração curricular contribui para uma formação generalista, difusa e superficial, pois apenas a oferta de uma ou duas disciplinas não é suficiente para garantir a formação com o aprofundamento necessário.

A diversidade de disciplinas também pode indicar uma tentativa da instituição de ensino de formar tanto o professor para a Educação Infantil e para os Anos Iniciais do Ensino Fundamental, como o gestor educacional para atuar em espaços escolares e não escolares. Entretanto, a ênfase recai na formação do professor dos anos iniciais, uma vez que os conhecimentos relativos à formação profissional docente (áreas disciplinares) correspondem a 38% das disciplinas, maior índice no conjunto da carga horária das matrizes. Ainda assim, entendemos que esse índice (Categoria 3: ***Conhecimentos relativos à formação profissional docente***) é bem inferior à metade da carga horária, insuficiente para o tratamento direto ou indireto dos conhecimentos escolares para a formação que alunos dos anos iniciais têm direito a ter. É insuficiente também se considerarmos a complexidade de que se reveste o ensinar crianças.

3. Pedagogo docente ou Pedagogo generalista

Formar o docente e o pedagogo é o que está definido para os cursos de Pedagogia. No entanto, considerando a complexidade e amplitude envolvidas nessas profissões, o que se evidencia nos dados da pesquisa é que essa formação é generalizante e superficial, não se formando (bem) nem o pedagogo nem o docente.

Ainda que tenha sido identificado o predomínio de disciplinas relacionadas ao conhecimento específico de formação do docente, percebe-se que disputam lugar, no âmbito do currículo, com disciplinas de outros blocos de conhecimentos que, supostamente, formariam o pedagogo generalista, ou seja, o docente e o pedagogo. Ou o pedagogo *stricto sensu,* conforme Libâneo (1998), que entende que o profissional pedagogo é diferente do profissional docente, uma vez que todo professor poderia considerar-se pedagogo *lato sensu.*

Para esse mesmo autor, trabalho pedagógico (atuação profissional em um amplo leque de práticas educativas) é diferente de trabalho docente (forma peculiar que o trabalho pedagógico assume em sala de aula).

O estudo de Leite e Lima (2010) coloca em evidência essa contradição identitária dos cursos de pedagogia: formar pedagogo x formar docente. As autoras afirmam que, desde sua criação no país em 1939, as legislações foram sendo alteradas, com forte presença da marca da docência, porém apresentando ainda grandes dificuldades na definição de sua identidade. O que se expressa na diversidade das finalidades das atuais DCNs, contribuindo para comprometer, sobremaneira, a qualidade da formação, dificultando projetos pedagógicos emancipatórios e compromissados com a responsabilidade de tornar a escola parceira na democratização social, econômica e cultural do país.

4. Sobre formar o professor para os Anos Iniciais e ou para a Educação Infantil

Os dados mostram uma tendência nos cursos pesquisados de focar a formação docente para os anos iniciais, em detrimento da formação para atuar na Educação Infantil, área que tem conquistado lentamente espaço curricular, uma vez que ela é relativamente nova no ensino superior. A presença de disciplinas relacionadas a esse nível de ensino pode indicar certo comprometimento dos cursos com a formação em nível superior do profissional que irá atuar com as crianças pequenas, nas creches e pré-escolas, superando a proposta formativa dos cursos de Magistério em Nível Médio e de Normal Superior.

5. E a Didática na formação de pedagogos e docentes?

No que se refere à Didática, disciplina que tem por finalidade colaborar na formação dos professores com o estudo dos processos de ensinar e aprender que ocorre entre os sujeitos professor e aluno, qual lugar ocupa nos cursos de Pedagogia analisados? Nota-se que ela comparece em apenas 6,64% da carga horária dos cursos.

Se entendermos que, enquanto área da pedagogia,

> [...] a Didática tem no ensino seu objeto de investigação. Considerá-lo uma prática educacional em situações historicamente situadas significa examiná-lo nos contextos sociais nos quais se efetiva — nas aulas e demais situações de ensino das diferentes áreas do conhecimento, nas escolas, nos sistemas de ensino, nas culturas, nas sociedades — estabelecendo-se os nexos entre eles. As novas possibilidades da didática estão emergindo das investigações sobre o *ensino como prática social viva* (Pimenta, 2010, p. 17),

cabe indagar os problemas decorrentes dessa quase ausência dessa disciplina nos cursos de Pedagogia que se propõem formar professores.

A Didática tem um papel central nos cursos de Pedagogia, pois, conforme Libâneo (1994, p. 25): "[ela] é o principal ramo de estudos da Pedagogia... [que] investiga os fundamentos, condições e modos de realização da instrução e do ensino". No entanto, nos dados obtidos, tanto em relação ao total de disciplinas ofertadas nas matrizes curriculares como em relação à carga horária, essa disciplina representa apenas 6% do curso.

6. Sobre formar pedagogos para participar da gestão

Estarão os cursos de Pedagogia do Estado de São Paulo formando seus pedagogos para participarem da organização e gestão de sistemas e instituições de ensino, em ambientes escolares e não escolares?

Essa intenção, definida nas DCNs, se expressou nas matrizes curriculares analisadas da seguinte forma: o percentual da carga horária ligado às disciplinas dessa categoria quanto ao total da carga horária dos cursos foi da ordem de 6,73%, assim distribuídas: 6,37% para conhecimentos sobre a escola e somente 0,36% para disciplinas relacionadas à área de gestão em espaços não escolares. Essas disciplinas se configuram como as menos oferecidas, embora tenham se apresentado em todas as matrizes analisadas.

Por quê?

Uma hipótese possível é a de que reflete uma variedade de concepções por vezes apoiadas em orientações normativas anteriores, como, por exemplo, as IESs que dividem a formação dos gestores nas disciplinas: Direção Escolar, Coordenação Pedagógica, Supervisão Escolar, Orientação Escolar, caracterizando uma fragmentação entre as diferentes atribuições de cada gestor, mas com a tendência a tocar na especificidade de cada função. Assim, algumas IESs estariam mantendo algumas disciplinas das antigas habilitações do curso de Pedagogia, ainda de acordo com o Parecer n. 252 de 1969, apoiadas, no entanto, nas atuais Diretrizes de 2006, insuficientes também para formar um possível pedagogo *stricto sensu.*

7. Sobre a heterogeneidade das nomenclaturas das disciplinas ofertadas

Como entendê-la? O que dizem?

A imensa diversidade e heterogeneidade na nomenclatura das disciplinas pode ser explicada pelas disputas na área da educação, tensionadas pelas áreas emergentes e que mostram maior relação com as possibilidades oferecidas no mercado de trabalho para os profissionais pedagogos. Além da constatação das pesquisas que evidenciam o desprestígio social e financeiro e as persistentes e precárias condições de trabalho e carreira dos professores na sociedade brasileira. A queda de candidatos aos cursos de Pedagogia vem se acentuando desde os inícios deste século XXI. Afinal, que profissão terei ao concluí-lo? se indagam os estudantes. Muitos não querem se tornar professores. As instituições, por sua vez, tentam ser mais atraentes oferecendo inúmeras (e dispersas) disciplinas que poderão colocar seus egressos em condições de se inserirem em alguma outra atividade na área ou não.

E as atuais DCNs propiciam essa heterogeneidade.

8. Sobre os Estágios Supervisionados — 300 ou 400 horas? —, uma quase ausência, uma desobediência legal, e uma forma que ignora a realidade para a qual forma pedagogos?

Embora a carga horária mínima de estágio tenha se apresentado nas matrizes analisadas de acordo com o que dispõem as DCNs (300 horas) para os cursos de Pedagogia, 50% dos cursos analisados não apresentam nenhuma disciplina cuja denominação remetesse à supervisão e orientação de estágio ou das práticas de ensino. Dentre os que apresentaram disciplinas relativas ao estágio, apenas 27% dos 144 especificaram se a disciplina se referia ao estágio na Educação Infantil, Ensino Fundamental ou na Gestão, sendo que a oferta, nesse percentual de IESs, se apresentou de forma equilibrada, sem priorizar nenhuma dessas dimensões da formação profissional.

O fato de aproximadamente metade das IESs não apresentarem disciplinas relativas a estágio e de menos de 30% delas especificarem seu foco configura-se como indício de baixa preocupação em atender efetivamente ao disposto no Parecer CNE nº 27 (Brasil, 2001), no que concerne ao estágio nas diferentes dimensões de atuação profissional do pedagogo, por exemplo, como docente ou gestor. Esses dados podem indicar também que o estágio é proposto no curso independentemente das disciplinas e sem a articulação necessária.

Destacamos, ainda, que a Resolução CNE/CP nº 02/2002 (Brasil, 2002a) estipula 400 (quatrocentas) horas de prática como componente curricular para todas as licenciaturas (incluída a de Pedagogia) a serem vivenciadas ao longo do curso; e 400 (quatrocentas) horas de estágio curricular supervisionado a partir do início da segunda metade do curso. Essas diretrizes não são seguidas pelos cursos de Licenciatura em Pedagogia.

Em que pese um possível avanço em se definir o início do estágio supervisionado a partir da segunda metade do curso, o que pode aproximar os licenciandos da realidade das escolas e das suas práticas educativas, pedagógicas e docentes, e não mais ao final do curso como até então, essa Resolução acaba por dicotomizar e confundir estágio e prática, gerando graves equívocos na formação docente, resultando em empobrecimento das atividades pedagógicas e da compreensão dos contextos das escolas.

Embora não tenhamos neste estudo caracterizado os cursos de acordo com o período de oferta (diurno ou noturno), é importante a colaboração de Leite e Lima (2010), que analisaram 1.424 cursos de Pedagogia no Brasil, cruzando o período noturno e o estágio. As autoras constataram que a maioria dos cursos de Pedagogia é oferecida no período noturno, o que pode comprometer a realização do estágio nos Anos Iniciais do Ensino Fundamental e na Educação Infantil.

Em estudos e pesquisas se constata a possibilidade de superação da dicotomia entre estágio e práticas, à medida que

> [...] compreende-se o estágio e a prática numa visão de unidade, na qual ambos constituam-se numa dimensão investigativa, ou seja, a investigação fundamenta-se como instrumento para assegurar a aproximação à realidade e à possibilidade da reflexão na escola [a partir das ferramentas teóricas do curso], além de desenvolver nos alunos, futuros professores, a ideia da pesquisa como princípio formativo da docência, e contribuindo no processo de construção de sua identidade docente (Almeida; Pimenta, 2014, p. 32).

Nesse sentido, concordamos também com Pimenta e Lima (2006), que afirmam sobre a pesquisa no estágio, compreendendo-o como método de formação dos estagiários futuros professores. Essa perspectiva se traduz pela mobilização de pesquisas que permitam a ampliação e análise dos contextos nos quais os estágios se realizam, assim como possibilita aos estagiários desenvolverem postura e habilidades de pesquisador a partir das situações de estágio, elaborando projetos que lhes permitam ao mesmo tempo compreender e problematizar as situações que observam. A pesquisa no estágio e o estágio como pesquisa possibilitam a formação do professor crítico reflexivo e pesquisador, o grande desafio das propostas curriculares dos cursos de formação de professores.

Para tanto, o estágio deve constituir-se em eixo articulador de todo o currículo, partindo da realidade existente nas escolas. Desta forma, deveria iniciar-se no princípio do curso, tomando a realidade das escolas como objeto de pesquisa do conjunto das disciplinas, voltar à realidade propondo formas e caminhos para superação dos problemas evidenciados que impedem uma educação escolar emancipatória com qualidade para todos.

Considerações finais

As matrizes curriculares dos cursos de Pedagogia refletem os mesmos problemas identificados nas DCNs, ou seja, a indefinição do campo pedagógico e a dispersão do objeto da pedagogia e da atuação profissional docente. Consequentemente, esses cursos, em sua maioria, não estão dando conta de formar nem o pedagogo e tampouco o professor para os anos iniciais da Educação Básica e para a Educação Infantil.

Com os dados obtidos, será possível estabelecer outros cruzamentos, considerando as mesmas categorias que orientaram esse estudo, por exemplo: análise em separado dos cursos oferecidos na modalidade EaD; análise dos cursos oferecidos no período noturno, e outras.

Por fim, os resultados desse estudo buscam contribuir para o debate e as pesquisas em torno da formação de professores polivalentes da Educação Infantil e anos iniciais do Ensino Fundamental, assim como para as políticas públicas nessa área; em especial, dos Conselhos Nacional (CNE) e Estaduais de Educação (CEEs), na revisão das Diretrizes Curriculares Nacionais dos Cursos de Pedagogia. E para os resultados de pesquisas recentes que se voltam ao estudo do perfil e das expectativas dos estudantes que ingressam nos cursos de Pedagogia (Gomes, 2014; Oliveira, 2013; Marin; Giovanni, 2013; Marin, 2014).

A partir dos resultados desta pesquisa, apontamos algumas possibilidades de investigação:

— Analisar o que é proposto pelas ementas e programas das disciplinas quanto aos objetivos, aos conteúdos, às práticas formativas e ao referencial teórico.

— Aprofundar a análise de alguns Projetos Pedagógicos de Cursos — por meio de estudos de caso —, que pelas matrizes curriculares mostraram algum avanço na formação interdisciplinar e transdisciplinar, mais comprometida com a docência na perspectiva do professor polivalente.

— Proceder à análise das matrizes, separando os cursos ofertados na modalidade a distância e os cursos oferecidos no período noturno.

O estudo permitiu conhecer um universo significativo de cursos de Pedagogia oferecidos por instituições públicas e privadas do Estado de São Paulo. Entretanto, é importante reconhecer os limites desta pesquisa de não ter tido acesso, na etapa realizada, ao Projeto Político-Pedagógico dos Cursos e aos programas e ementas das disciplinas. Os resultados encontrados apontam para a relevância de se prosseguir com a investigação visando analisar o que é proposto e como se efetivam as práticas formativas na trajetória dos cursos.

Referências

ALMEIDA M. I.; PIMENTA, S. G. (Orgs.). *Estágio supervisionado na formação docente.* São Paulo: Cortez, 2014.

BRASIL. Congresso Nacional. Lei de Diretrizes e Bases da Educação Nacional n. 9.394/96, de 20 de dezembro de 1996.

______. Ministério da Educação. Conselho Nacional de Educação. Conselho Pleno. *Parecer CNE/CP nº 27/2001*, de 27 de outubro de 2001. Disponível em: http://portal.mec.gov.br/cne/arquivos/pdf/ Acesso em: 10 dez. 2013.

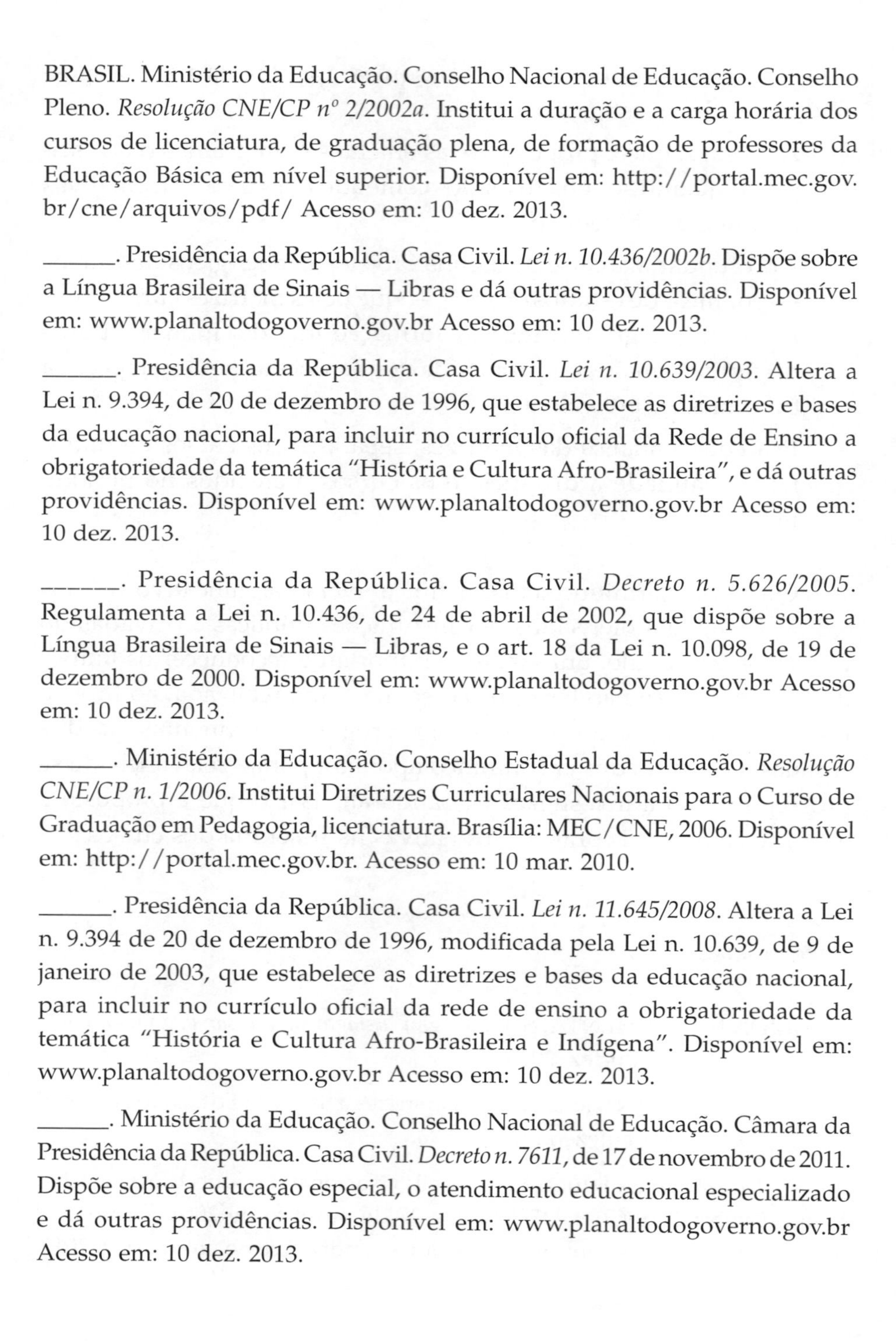

BRASIL. Ministério da Educação. Conselho Nacional de Educação. Conselho Pleno. *Resolução CNE/CP nº 2/2002a*. Institui a duração e a carga horária dos cursos de licenciatura, de graduação plena, de formação de professores da Educação Básica em nível superior. Disponível em: http://portal.mec.gov.br/cne/arquivos/pdf/ Acesso em: 10 dez. 2013.

______. Presidência da República. Casa Civil. *Lei n. 10.436/2002b*. Dispõe sobre a Língua Brasileira de Sinais — Libras e dá outras providências. Disponível em: www.planaltodogoverno.gov.br Acesso em: 10 dez. 2013.

______. Presidência da República. Casa Civil. *Lei n. 10.639/2003*. Altera a Lei n. 9.394, de 20 de dezembro de 1996, que estabelece as diretrizes e bases da educação nacional, para incluir no currículo oficial da Rede de Ensino a obrigatoriedade da temática "História e Cultura Afro-Brasileira", e dá outras providências. Disponível em: www.planaltodogoverno.gov.br Acesso em: 10 dez. 2013.

______. Presidência da República. Casa Civil. *Decreto n. 5.626/2005*. Regulamenta a Lei n. 10.436, de 24 de abril de 2002, que dispõe sobre a Língua Brasileira de Sinais — Libras, e o art. 18 da Lei n. 10.098, de 19 de dezembro de 2000. Disponível em: www.planaltodogoverno.gov.br Acesso em: 10 dez. 2013.

______. Ministério da Educação. Conselho Estadual da Educação. *Resolução CNE/CP n. 1/2006*. Institui Diretrizes Curriculares Nacionais para o Curso de Graduação em Pedagogia, licenciatura. Brasília: MEC/CNE, 2006. Disponível em: http://portal.mec.gov.br. Acesso em: 10 mar. 2010.

______. Presidência da República. Casa Civil. *Lei n. 11.645/2008*. Altera a Lei n. 9.394 de 20 de dezembro de 1996, modificada pela Lei n. 10.639, de 9 de janeiro de 2003, que estabelece as diretrizes e bases da educação nacional, para incluir no currículo oficial da rede de ensino a obrigatoriedade da temática "História e Cultura Afro-Brasileira e Indígena". Disponível em: www.planaltodogoverno.gov.br Acesso em: 10 dez. 2013.

______. Ministério da Educação. Conselho Nacional de Educação. Câmara da Presidência da República. Casa Civil. *Decreto n. 7611*, de 17 de novembro de 2011. Dispõe sobre a educação especial, o atendimento educacional especializado e dá outras providências. Disponível em: www.planaltodogoverno.gov.br Acesso em: 10 dez. 2013.

BRASIL. Ministério da Educação. Conselho Nacional de Educação. Conselho Pleno. *Resolução CNE/CP n. 2/2015.* Define as Diretrizes Curriculares Nacionais para a formação inicial em nível superior (cursos de licenciatura, cursos de formação pedagógica para graduados e cursos de segunda licenciatura) e para a formação continuada. Disponível em: http://portal.mec.gov.br/cne/arquivos/pdf/ Acesso em: 05 mar. 2015.

FUSARI, J. C.; CORTESE, M. P. Formação de professores em nível de 2º grau. *Cadernos de Pesquisa*, São Paulo, n. 68, p. 70-80, 1989.

GATTI, B.; BARRETO, E. *Professores do Brasil:* impasses e desafios. Brasília: Unesco, 2009.

GHEDIN, E. et al. *Estágio com pesquisa.* São Paulo: Cortez, 2015.

GOMES, F. O. C. *As dificuldades da profissão docente no início da carreira*: entre desconhecimentos, idealizações, frustrações e realizações. Dissertação (Mestrado em Educação) — Programa de Estudos Pós-Graduação em Educação: História, Política, Sociedade. Pontifícia Universidade Católica de São Paulo, São Paulo, 2014.

LEITE, Y. F.; LIMA, V. M. Cursos de Pedagogia no Brasil: o que dizem os dados do Inep/MEC? *Ensino em Re-vista:* Dossiê Formação de Professores. Programa de Pós-Graduação em Educação da Universidade Federal de Uberlândia, MG, v. 17, n. 1, p. 69-93, jan./jun. 2010.

LIBÂNEO, J. C. *Didática.* São Paulo: Cortez, 1994.

______. *Pedagogia e pedagogos para quê?* São Paulo: Cortez, 1998.

______. O ensino de Didática, das metodologias específicas e dos conteúdos específicos do ensino fundamental nos currículos dos cursos de pedagogia. *Revista Brasileira de Estudos Pedagógicos.* Brasília, v. 91, n. 229, p. 562-583, set./dez. 2010.

MARIN, A. J.; GIOVANNI, L. M. Formação de professores para o início da escolarização: fragilidades. *InterMeio* — Revista do Programa de Pós-Graduação em Educação, Campo Grande, v. 19, n. 38, p. 52-68, jul./dez. 2013.

MARIN, A. J. O curso de pedagogia em foco: fragilidades constantes e urgências da formação. In: CAVALCANTE. M. M. D. et al. (Orgs.). *Didática e Prática de Ensino:* diálogos sobre a escola, a formação de professores e a sociedade. Fortaleza: Eduece, 2014.

OLIVEIRA, M. O. *A formação inicial e as condições de alunas concluintes do curso de Pedagogia para o ingresso na profissão docente*. Dissertação (Mestrado em Educação) — Programa de Estudos Pós-Graduação em Educação: História, Política, Sociedade. Pontifícia Universidade Católica de São Paulo, São Paulo, 2013.

PIMENTA, S. G. Epistemologia da prática ressignificando a Didática. In: FRANCO, M. A. S.; PIMENTA, S. G. (Orgs.). *Didática:* embates contemporâneos. São Paulo: Loyola, 2010.

______; LIMA, M. S. Estágio e docência: diferentes concepções. *Revista Poiésis*, v. 3, n. 3-4, p. 5-24, 2005-2006.

PINTO, U. A. O pedagogo escolar: avançando no debate a partir da experiência desenvolvida nos cursos de Complementação Pedagógica. In: PIMENTA, S. G. (Org.). *Pedagogia e pedagogos:* caminhos e perspectivas. São Paulo: Cortez, 2002.

______. *Pedagogia escolar:* coordenação pedagógica e gestão escolar. São Paulo: Cortez, 2011.

SAVIANI, D. Pedagogia: o espaço da educação na universidade. *Cadernos de Pesquisa*, v. 37, p. 99-134, 2007.

CAPÍTULO 2

A formação de professores no curso de Pedagogia e o lugar destinado aos conteúdos do Ensino Fundamental:

que falta faz o conhecimento do conteúdo a ser ensinado às crianças?*

José Carlos Libâneo

Este texto aborda aspectos relacionados à formação de professores para os Anos Iniciais, especialmente sobre o lugar destinado no currículo de Pedagogia aos conteúdos das disciplinas a serem ensinados às crianças. Inicialmente, é abordada a questão da relação necessária entre os objetivos propostos para a escola de Ensino Fundamental e a organização e seleção de saberes profissionais que devem compor o currículo de formação. Em seguida, são apresentadas duas pesquisas que analisam matrizes curriculares e ementas de disciplinas de

---

* Este capítulo traz versão revisada e atualizada de texto publicado anteriormente em: SILVA, M. A. e BRZEZINSKI, I. (Orgs.). *Formar professores-pesquisadores:* construir identidades. Goiânia: Editora PUC Goiás, 2011.

cursos de Pedagogia, destacando dados referentes à proporção de horas/aula (em relação à carga horária global do curso) destinada aos conhecimentos específicos da formação profissional (didática, metodologias específicas e conteúdos específicos do Ensino Fundamental). Especialmente, verifica-se o lugar ocupado no currículo pelo ensino dos conteúdos específicos do Ensino Fundamental. Por fim, são identificados problemas e lacunas no curso de Licenciatura em Pedagogia desde a implantação da Resolução CNE/CP n. 1/2006, concluindo com indicações para sua superação de modo a melhorar a qualidade desse curso.

1. A formação de professores e as finalidades educativas da escola: os dissensos no campo da Educação

A concepção de trabalho docente e de processos de formação e desenvolvimento profissional de professores vincula-se a concepções de finalidades educativas escolares por parte dos sistemas de ensino, dos legisladores, dos dirigentes de órgãos públicos e dos pesquisadores da Educação. As finalidades educativas resultam de uma relação de forças em que se defrontam interesses de variada origem, sistemas de valores e crenças, dentro da complexidade da realidade social, econômica, política, cultural, que caracteriza a sociedade contemporânea. Desse modo, precisam ser compreendidas e analisadas para além das políticas nacionais, uma vez que, no contexto da globalização de mercados, subordinam-se a estratégias elaboradas com base em agendas da economia política global. Importa considerar que são geradas, também, em segmentos específicos da sociedade como o empresariado, as associações e sindicatos profissionais, as famílias, os dirigentes de escolas, como no próprio campo teórico-investigativo da educação. Esta variedade de fontes de finalidades produz, inevitavelmente, diferenças na concepção de educação escolar e de formas de funcionamento das escolas, assim como diferentes critérios de qualidade de ensino (Young, 2007; Lenoir, 2016; Libâneo, 2014, 2015, 2016).

No Brasil, é inegável a ocorrência no meio institucional, acadêmico e de associações científicas e profissionais, de dissensos acerca das finalidades educativas escolares e critérios de qualidade de ensino, o que traz consequências para o planejamento de sistemas de ensino, políticas e diretrizes, formas de organização e gestão curricular e pedagógica das escolas, até atingir o funcionamento das escolas e o trabalho dos professores. Os dissensos repercutem na formulação de significados muito difusos de "qualidade de ensino" e de formas de concretização do currículo e do trabalho pedagógico, fato esse possível de ser constatado em análises de conteúdos de planos, programas e legislação educacional (Evangelista, 2013; Libâneo, 2012, 2014, 2016). A dispersão de entendimentos sobre finalidades, objetivos e funções das escolas acaba por repercutir nas concepções e formatos do sistema de formação de professores.

No atual contexto socioeconômico, político, cultural, a definição de finalidades educativas escolares envolve múltiplos fatores, entre eles a internacionalização das políticas educacionais, as reformas educativas sob o impacto do neoliberalismo, a difusão das tecnologias da informação e comunicação, a emergência de múltiplas culturas e múltiplos sujeitos, os embates entre globalização e individuação, entre diversidade social e cultural e homogeneidade. Ao mesmo tempo, é influenciada por distintos posicionamentos acerca de concepções de currículo e de escola, bem como pelas teorizações no campo da educação que disputam por espaço nas instâncias de definição de políticas educacionais e diretrizes curriculares e nas preferências dos formadores de professores. É inevitável que essas questões tragam novos elementos para se pensar os objetivos da escola, os currículos, as formas de organização do ensino, os meios educativos e, especialmente, a formação de professores.

Em relação a posicionamentos e teorizações acerca de finalidades educativas escolares, podem ser destacados três deles no contexto do sistema educacional brasileiro. O primeiro decorre de concepções de currículo e escola originadas no início dos anos 1990, coincidindo com as conferências internacionais de educação promovidas por organismos internacionais como o Banco Mundial e a Unesco que passaram a regular políticas educacionais principalmente de países em desenvolvimento (Libâneo, 2012). A análise de documentos desses organismos permite identificar duas orientações curriculares sobre finalidades educativas escolares, articuladas entre si: o currículo instrumental e o currículo socioeducativo voltado para a inclusão[1]. A primeira se caracteriza por conteúdos mínimos definidos para a escola fundamental a partir de metas formuladas na forma de competências mensuráveis, avaliadas por testes cujos resultados servirão como meios de regulação do trabalho das escolas e professores. Esse modelo curricular estabelece como função do sistema escolar a consecução de resultados imediatos e objetivos, obtidos por procedimentos de avaliação em larga escala. Conforme as orientações explícitas do Banco Mundial e na Declaração Mundial sobre Educação para Todos Unesco, 1990), visa atender a demandas econômico-sociais requeridas pela expansão do mercado globalizado. A segunda é destinada a atender a características de populações em situação de vulnerabilidade social, incluindo a diversidade social e necessidades de adaptação, ajustamento e acolhimento social, conforme orientações dos mencionados organismos internacionais. Os dois tipos de currículo são complementares e estão inserido nas políticas de redução da pobreza do Banco Mundial (Leher, 1998, Evangelista e Shiroma, 2004; Evangelista, 2013; Libâneo, 2012, 2014, 2016; Garcia, 2014). A ascensão dos conceitos de diversidade e de inclusão no campo social e acadêmico, destacando

1. Cabe registrar que estas orientações são endossadas e assumidas pelo Movimento Todos pela Educação, entidade de cunho político e social que tem como missão contribuir para uma Educação Básica de qualidade. Trata-se de uma Organização da Sociedade Civil de Interesse Público (OSCIP) e, portanto, uma organização privada. Reúne como mantenedores institutos e fundações privadas empresariais que se preocupam com a escolaridade da população e a melhoria da qualidade da mão de obra, insatisfatória para as necessidades do mercado. São seus mantenedores bancos e empresas privadas como: Fundação Itaú Social, Fundação Bradesco, Fundação Telefônica, Gerdau, Instituto Camargo Correa, Instituto Unibanco, Itaú BBA, Santander, Suzano, Fundação Lemann, Instituto Península, DPaschoal. Entre seus parceiros figuram Fundação Santillana, Instituto Ayrton Senna, Fundação Victor Civita, McKinsey&Company, Instituto Natura, Saraiva, Banco Interamericano de Desenvolvimento (BID). Essas informações constam do site do Movimento.

a heterogeneidade de culturas, as diferenças e o multiculturalismo, pode ser explicada, em boa parte, pelo aparecimento de fenômenos sociais envolvendo conflitos internacionais, a expansão da globalização econômica, a migração, a afirmação de identidades (Moehlecke, 2009; Rodrigues e Abramowicz, 2013), bem como o crescimento dos movimentos sociais envolvendo grupos étnico-raciais, segmentos minoritários como indígenas, grupos religiosos e de gênero. A visibilidade desses conceitos se projetou nos programas e ações das agências e organismos internacionais como o Banco Mundial, destacando-se a atuação da Unesco desde, ao menos, o ano 2000, em proposições de políticas públicas visando ações de promoção de coesão social em sociedades multiétnicas e multiculturais e, mais recentemente, em 2009, pondo foco no atendimento à diversidade cultural e ao diálogo intercultural. O apelo a questões da diversidade social aparece insistentemente em documentos de organismos internacionais e nacionais, expresso em termos como "inclusão social" e "educação inclusiva", com a alegação de que sua promoção resultará em uma "sociedade inclusiva" (Garcia, 2014).

Os outros dois posicionamentos são encontrados na abordagem sociocrítica da educação: o currículo sociológico/intercultural e o currículo para a formação cultural e científica articulado com a diversidade sociocultural. O currículo sociológico/intercultural situa-se no quadro de uma visão sociocultural da educação, a qual inclui uma variedade de orientações teóricas e práticas como currículo crítico, currículo intercultural, currículo pós-crítico, educação intercultural, educação plural, educação para a diferença, educação para a diversidade etc. De modo geral, essa expressão está associada à consideração da cultura "como uma das categorias centrais indispensáveis para dar inteligibilidade ao mundo", abarcando termos como identidade, diferença, multiculturalismo, diversidade cultural, etnocentrismo, hibridismo cultural, relativismo cultural, incorporados em distintos discursos com diferentes ênfases e significados (Gabriel, 2006). Estudos no campo sociocrítico da educação têm contribuído há, pelo menos, duas décadas, por meio de pesquisas e elaborações teóricas para a compreensão da diversidade sociocultural no currículo e na pedagogia, por exemplo, Moreira e Candau (2014), Candau e Koff (2006), Barbosa (2002). Este currículo tem como referência a formação por meio de experiências socioculturais vividas em situações educativas (acolhimento da diversidade social e cultural, práticas de compartilhamento de diferentes valores e de solidariedade, atividades ligadas à vida cotidiana e aos conhecimentos locais etc.). Está orientado por forte empenho em promover a inclusão social e atender à diversidade sociocultural. O segundo posicionamento defende um currículo assentado na formação cultural e científica em interconexão com as práticas socioculturais. Tendo como pressuposto que a escola é uma das mais importantes instâncias de democratização da sociedade e de promoção de inclusão social, cabe-lhe propiciar os meios da apropriação dos saberes sistematizados constituídos social e historicamente, como base para o desenvolvimento das capacidades cognitivas e a formação da personalidade; ao mesmo tempo, as atividades de aprendizagem devem ser ligadas às práticas socioculturais e institucionais (e suas múltiplas relações) nas quais os alunos estão inseridos. Nesse posicionamento, a escola não é nem meramente lugar de provimento de conhecimentos instrumentais e imediatistas, nem somente um lugar de acolhimento e integração social dos pobres. Sua função social prioritária é de proporcionar formação cultural e científica, tendo em vista o desenvolvimento cognitivo, afetivo e moral dos alunos, e é em função desse objetivo que são consideradas as diferenças sociais e culturais.

Estas duas abordagens sociocríticas inserem-se numa visão emancipatória da educação, mas divergem em relação aos objetivos da escola, à concepção de conhecimento e em como se articulam os processos escolares e a diversidade social. Em diferentes momentos da história da educação elas vêm disputando influência nos embates em relação à legislação educacional oficial em esferas do governo, dos estados e municípios. No entanto, a abordagem sociológica/intercultural exerceu significativo papel na configuração da legislação educacional dos governos Lula e Dilma, por exemplo, na elaboração do Plano de

Desenvolvimento da Educação (Brasil, 2007), nas orientações e diretrizes para a educação básica, na legislação sobre educação inclusiva e atendimento à diversidade e na elaboração de documentos legais sobre formação de professores, entre eles, a Resolução que institui as diretrizes curriculares para a licenciatura em Pedagogia.

Especificamente em relação aos fundamentos que deram origem à Resolução CNE n. 1/2006, remeto às considerações anteriores sobre o currículo sociológico/intercultural, pois este atuou em boa parte das definições de políticas educacionais do período 2003-2010, inclusive na elaboração da Resolução. A par disso, vale ressaltar o artigo de Rodrigues e Kuenzer (2009) que, após análise do conteúdo dessa Resolução, identificam nele a opção por uma concepção de formação de professores que elege a prática em docência como centro do currículo em detrimento da teoria, ou seja, a epistemologia da prática. Para elas, esta concepção, ao invés de articular teoria e prática, "acentua a desarticulação, na medida em que condiciona os estudos teóricos mais avançados à prática, e o que é mais grave, a uma prática específica: a docência para crianças de 0 a 10 anos". Ainda conforme as autoras, essa orientação se faz presente de forma marcante nos pareceres e resoluções expedidas pelo CNE a partir de 1999, não por acaso, no contexto das reformas educativas encetadas sob o neoliberalismo desde os anos 1980-1990.

Estas considerações põem em evidência a forte tendência de subordinação das políticas educacionais brasileiras ao processo de internacionalização e aos interesses da mundialização do capital, levando à definição de objetivos da escolarização bastante débeis e, por consequência, à fragilização da formação de professores para a educação básica. A análise a ser feita ao longo deste capítulo carrega na crítica às políticas de formação de professores das últimas décadas, já que há fortes indícios de adesão à concepção de escola vigente nas políticas educacionais dos últimos 25 anos em sucessivos governos no período 1990-2016, ou seja, a escola de resultados imediatos em que se associa um currículo instrumental e aligeirado a uma forma de organização voltada para o acolhimento e integração social (Libâneo,

2012, 2014, 2016). Tal visão se contrapõe a uma concepção de finalidades educativas em que escola deve estar voltada para a formação cultural e científica, atendendo tanto a necessidades individuais como socioculturais dos alunos, por meio do provimento dos conhecimentos teóricos e práticos visando o desenvolvimento cognitivo, afetivo e moral dos alunos, capacitando-os para atuação nas várias instâncias da vida social.

O modelo de escola inscrito na Declaração Mundial sobre Educação para Todos (Unesco, 1990) e nos documentos do Banco Mundial está assentado em quatro finalidades educativas: educação para satisfação de necessidades básicas, atenção ao desenvolvimento humano, educação para o mercado de trabalho e educação para a sociabilidade e convivência. Na avaliação da pesquisadora equatoriana Rosa Maria Torres (2001, p. 12-13), as necessidades *básicas* de aprendizagem transformaram-se em *mínimas*. O atendimento de necessidades de aprendizagem converteu-se num "pacote restrito e elementar de destrezas úteis para a sobrevivência e para as necessidades imediatas e mais elementares das pessoas" (Torres, 2001, p. 40). O que seria o domínio da leitura, da escrita, do cálculo, das noções básicas de saúde etc. converteu-se em "destrezas" ou habilidades para a sobrevivência social, bem próximas da ideia de que o papel da escola é prover conhecimentos ligados à realidade imediata do aluno, utilizáveis na vida prática. Em síntese, a aprendizagem transforma-se numa mera necessidade natural, numa visão instrumental, desprovida de seu caráter cognitivo, desvinculada do acesso a formas superiores de pensamento. Com isso, produz-se nos sistemas de ensino, o que António Nóvoa (2009) chamou de "transbordamento de objetivos", em que objetivos assistenciais se sobrepõem aos objetivos de aprendizagem, ou seja, a educação e o ensino ficam subordinados a políticas e estratégias baseadas na análise econômica em que os pobres precisam apenas receber uma educação para empregabilidade imediata, bastando oferecer-lhes conhecimentos elementares à medida das diferenças sociais e econômicas que os atingem.

Essa orientação estratégica é realçada pela posição reiterada do Banco Mundial de inserir a educação nas ações de alívio à pobreza nas quais a falta de produtividade e o baixo consumo por parte dos pobres seriam compensados com a "satisfação de necessidades básicas de aprendizagem".

> A educação é crucial para o crescimento econômico e para a redução da pobreza. [...] A estratégia do Banco Mundial para reduzir a pobreza se concentra na promoção do uso produtivo do trabalho, que é o principal ativo dos pobres, e na prestação de serviços sociais básicos aos necessitados. [...] A educação, especialmente a educação fundamental, contribui para reduzir a pobreza ao aumentar a produtividade dos pobres, reduzir a fertilidade e melhorar a saúde e ao dotar as pessoas das aptidões de que necessitam para participar plenamente na economia e na sociedade (Banco Mundial, 1995).

Eis, então, que o conceito de aprendizagem como necessidade natural, como incorporação de competências mínimas para sobrevivência social, associado ao conceito de desenvolvimento humano como satisfação de interesses individuais, restringe o papel do ensino e, portanto, do professor, na formação intelectual dos alunos, levando a uma política educacional de nivelamento por baixo de toda a população.

A menção ao tipo de escola que vigora no sistema federal de ensino e na maioria dos sistemas estadual e municipal mostra a relação entre objetivos e outras ações educativas como o currículo, a organização das escolas e a formação de professores. Especificamente em relação à formação de professores, uma escola cuja função é atender necessidades mínimas de aprendizagem visando o acolhimento social dos pobres não necessita um professor com formação muito aprimorada, basta que ele seja um bom técnico que saiba aplicar conhecimentos produzidos por outros. Pérez Gómez assim define como propósito fundamental de formação do professor técnico:

> [...] O treinamento do professor nas técnicas, nos procedimentos e nas habilidades que demonstraram eficazes na investigação prévia. O

> objetivo prioritário é a formação, no docente, de competências específicas e observáveis, concebidas como habilidades de intervenção, as quais são consideradas suficientes para produzir na prática os resultados eficazes almejados (Pérez Gómez, 2000, p. 358).

É esse o papel reservado ao professor pelas agências financeiras internacionais. Da mesma forma que para os alunos se oferece um *kit* de habilidades para sobrevivência, se oferece ao professor um "kit" de sobrevivência docente, ou seja, treinamento em métodos e técnicas, uso de materiais e textos, formação pela EaD, ao invés de uma formação ampla e integral. A orientação do Banco Mundial é uma formação aligeirada de um professor "tarefeiro", visando baixar os custos do pacote formação/capacitação/salário.

> A visão instrumental da aprendizagem orientada pelo mínimo em vez de pelo essencial, estende-se à oferta educativa para os docentes. Permanece em grande parte inexplorada (nos documentos das agências) a pergunta sobre quais são as necessidades básicas de aprendizagem dos docentes para responderem ao "novo papel do docente" esperado deles (...) Ou, pode ser respondida com um *kit* de "sobrevivência docente": informações, conhecimentos, técnicas e destrezas instrumentais... (Torres, 2001, p. 43).

O que as políticas educacionais pós-Jomtien escondem é o que diversos pesquisadores chamaram de "educação para a reestruturação capitalista", ou "educação para a sociabilidade capitalista". As análises mais críticas dessas reformas educacionais promovidas e mantidas pelo Banco Mundial são unânimes em afirmar que o pacote de reformas imposto aos países pobres gerou um verdadeiro pensamento único no campo das políticas educacionais, principalmente para os países emergentes (Pacheco e Marques, 2014; Lessard e Mieirieu, 2005; Dale, 2004; Ball, 2004; Silva e Cunha, 2014; Evangelista, 2014, 2013; Libâneo, 2012, 2014; Evangelista e Shiroma, 2004; Neves, 2005; Frigotto e Ciavatta, 2003; Leher, 1998, entre outros). Nesses trabalhos são analisados documentos de organismos internacionais em que são estabelecidas as relações entre pobreza, desenvolvimento econômico e escola e é definida a estratégia de combate à pobreza e de redução da exclusão social como condições para o aumento da produtividade em função do desenvolvimento econômico.

Contrariamente à visão de escola disseminada pelos organismos internacionais e incorporada, em boa parte, pela política educacional brasileira, advoga-se aqui a aposta num currículo baseado no conhecimento crítico que incorpora as práticas socioculturais e introduz a diversidade social e cultural nos conteúdos. Trata-se de uma visão de escola centrada na formação cultural e científica em que é realçada a universalidade da cultura escolar, de modo que à escola cabe transmitir, a todos, os saberes públicos que apresentam um valor, independentemente de circunstâncias e interesses particulares, em razão do direito universal ao conhecimento. Por outro lado, como a escola lida com sujeitos diferentes, cabe considerar no ensino a diversidade cultural, a coexistência das diferenças, a interação entre indivíduos de diferentes identidades culturais. Isso significa reconhecer que as práticas socioculturais que crianças e jovens compartilham na família, na comunidade e nas várias instâncias da vida cotidiana são, também, determinantes na apropriação do conhecimento e na formação da identidade pessoal e cultural, sendo que elas aparecem na escola tanto como contexto da aprendizagem quanto como conteúdo. A unidade entre a formação cultural e científica e as práticas socioculturais requer dos professores não apenas uma atitude humanista aberta à diferença, mas, principalmente, a incorporação dessa relação no cerne tanto das práticas de organização e gestão da escola e da sala de aula como nos conteúdos e nas metodologias de ensino. Desse modo, é possível atender à recomendação de Sacristán (2000, p. 69):

> Uma escola comum que satisfaça o ideal de uma educação igual para todos (o que pressupõe um currículo comum), na paisagem social das sociedades modernas, acolhendo a sujeitos muito diferentes, parece

> uma contradição ou algo impossível. No entanto, o direito básico desses sujeitos à educação em condições de igualdade (um ensino com conteúdos e fins comuns), obriga a aceitar o desafio de tornar compatível, na escolaridade obrigatória, um projeto válido para todos com a realidade da diversidade.

Numa visão vigotskiana, a didática é a sistematização de conhecimentos e práticas referentes aos fundamentos, condições e modos de realização do ensino e da aprendizagem, visando o desenvolvimento das capacidades intelectuais e a formação da personalidade dos alunos. O trabalho docente consiste, assim, na mediação das relações do aluno com os objetos de conhecimento, razão pela qual o conceito nuclear do campo didático é a unidade entre ensino e aprendizagem. Por meio do ensino, o professor realiza plenamente seu trabalho quando ajuda o aluno a adquirir capacidades para novas operações mentais e a operar mudanças qualitativas em sua personalidade, por meio dos conteúdos (Libâneo, 2009).

Desse modo, o *problema pedagógico-didático na educação escolar* refere-se a, no mínimo, quatro coisas: a) quais conteúdos contribuem para o desenvolvimento da capacidade de pensar dos alunos, o que requer dos professores o conhecimento do conteúdo a ensinar; b) como se organiza o ensino do conteúdo, isto é, como esse conteúdo pode ser melhor e mais eficazmente apropriado pelo aluno pela mediação pedagógica do professor (conhecimento pedagógico do conteúdo); c) como o professor organiza e gere (lidera) a sala de aula, especialmente as relações professor-alunos e as formas como planeja e organiza as situações pedagógicas e de aprendizagem; d) como a escola e o professor introduzem no conteúdo e nas metodologias as práticas socioculturais e institucionais nas quais está presente a diversidade sociocultural.

As considerações deste tópico justificam a pesquisa e a discussão aqui trazidas acerca da presença ou ausência do ensino dos conteúdos específicos para os Anos Iniciais de escolarização (língua portuguesa, matemática, ciências, história, geografia, artes) na matriz curricular dos cursos de licenciatura em Pedagogia.

2. Duas pesquisas sobre o curso de licenciatura em Pedagogia

À pesquisa referida no tópico anterior sobre finalidades educativas escolares, a internacionalização das políticas educacionais e sua incidência nos cursos de formação de professores, são acrescentadas duas outras pesquisas. A segunda foi realizada por Gatti e Nunes (2009) para levantar as características gerais dos cursos de licenciatura em Pedagogia, analisando dados de 71 cursos em todo o Brasil. Apresentam o panorama institucional em relação ao número de cursos, tipos de instituição, distribuição regional, resultados do desempenho acadêmico dos cursos. A parte que interessa neste texto é a análise da composição das matrizes curriculares e do lugar ocupado pelos conteúdos do currículo dos Anos Iniciais do Ensino Fundamental. As pesquisadoras agruparam as disciplinas (com suas denominações mais usuais) em sete categorias: fundamentos teóricos da educação, conhecimentos relativos aos sistemas educacionais, conhecimentos relativos à formação profissional específica, conhecimentos referentes às modalidades e níveis de ensino, disciplinas relativas a outros saberes, Pesquisa e TCC (trabalho de conclusão de curso) e Atividades Complementares. Na categoria "formação profissional específica" foram incluídas as seguintes disciplinas: conteúdos do currículo do Ensino Fundamental, didáticas específicas, metodologias e práticas de ensino, tecnologias educativas[2]. Selecionamos, a seguir, algumas constatações relevantes dessa pesquisa.

a) O currículo desenvolvido nos cursos de Pedagogia "têm uma característica fragmentária, com um conjunto de disciplinas

2. Na categorização mencionada, a disciplina Didática Geral foi incluída no bloco "Fundamentos teóricos da educação".

bastante disperso", geralmente sem articulações entre as disciplinas. (Ib., p. 22)

b) Considerando-se o conjunto de instituições formadoras, "há uma quase equivalência entre a proporção de disciplinas que cumprem a função de embasar teoricamente o aluno a partir de outras áreas de conhecimento e aquelas que tratam de questões ligadas à profissionalização mais específica do professor", ou seja, 26% em média de horas dedicadas às disciplinas de "fundamentos" e 30% às disciplinas de "conhecimento profissional específico". Cabe acentuar que a proporção de horas dedicadas à formação profissional específica é de 30%, ficando 70% para outras matérias do currículo. Analisando-se as ementas da categoria "conhecimento profissional específico", verifica-se em seus conteúdos "a predominância de aspectos teóricos (...) contemplando pouco as possibilidades de práticas educacionais associadas a esses aspectos", ou seja, há pouca preocupação com o quê e o como ensinar, mostrando insuficiência de conhecimentos ligados à formação profissional (Id., ib.).

c) A pesquisa constatou grande variação na forma de redação das ementas, não sendo encontrado um padrão comum para sua elaboração. "A leitura das ementas permitiu constatar fragilidades não apenas em termos de redação propriamente dita, mas também no que se refere ao não favorecimento de uma compreensão mais clara dos temas propostos e de se avaliar ou verificar os objetivos subjacentes ou explícitos no tempo de duração da disciplina" (Ib., p. 33).

d) Constatou-se que nenhuma das universidades públicas analisadas destina disciplinas aos conteúdos específicos a serem ensinados nas séries iniciais do Ensino Fundamental, da educação infantil e da EJA, nem mesmo para língua portuguesa e matemática. "Tais conteúdos permanecem implícitos nas disciplinas relativas às metodologias de ensino ou na concepção de que eles são de domínio dos alunos". As instituições privadas apresentam alguma disciplina associada à língua portuguesa mas "dissociada das metodologias de ensino" (Id., ib.).

e) Em relação mais propriamente às disciplinas da categoria "conhecimentos profissionais específicos" (didática, metodologias e conteúdos específicos), a pesquisa mostrou que predominam nelas os referenciais teóricos, seja de natureza sociológica, psicológica ou outros, com muito pouca associação às práticas educacionais. Na disciplina Didática, as ementas têm, quase sempre, um caráter de fundamentos, "pois todas revelam a preocupação de explicitar a importância da perspectiva teórica na construção prática de uma didática ou metodologia de ensino", mas a relação teoria e prática "não é trabalhada em suas relações concretas com o dia a dia da escola" (Ib., p. 39). Nas ementas das disciplinas de "fundamentos e metodologias" registra-se a preocupação com teorias de ensino e com justificativas sobre por que ensinar, "mas só de forma muito incipiente registram o quê e o como ensinar". Enquanto isso, a palavra "conteúdo" não aparece associada aos métodos de ensino, ou seja, observam-se insuficiências do trabalho com os conteúdos de ensino. Em relação a isso, "pode-se perguntar sobre a condição efetiva de se preparar professores para o conhecimento dos conteúdos específicos das disciplinas e dos conteúdos metodológicos, de tal forma que possam transitar confortavelmente pelo planejamento das aulas, criando atividades para desafiar seus alunos, favorecendo contextualizações e problematizações..." (Id., ib.).

f) É bastante preocupante uma das conclusões finais da análise dos cursos de licenciatura em Pedagogia brasileiros: "A escola, enquanto instituição social e de ensino, é elemento quase ausente nas ementas, o que leva a pensar numa formação de caráter mais abstrato e pouco integrado ao contexto concreto onde o profissional-professor irá atuar" (Ib., p. 55).

A terceira pesquisa consistiu de um levantamento da situação da didática, das metodologias específicas e disciplinas de conteúdos específicos do Ensino Fundamental, em 25 instituições formadoras do estado de Goiás que mantêm cursos de Pedagogia[3] (Libâneo, 2011b). Foi realizada pesquisa documental nas matrizes curriculares e ementas de disciplinas desses cursos, a partir do que se obteve um *panorama* das disciplinas ligadas à didática, agrupadas no bloco de disciplinas que, nos currículos, supostamente asseguram o ensino dos conhecimentos referentes explicitamente à formação profissional de professores. A pesquisa teve como objetivos: a) analisar a composição curricular (matrizes curriculares) das instituições de ensino, conforme disciplinas e carga horária, destacando a posição da didática, das metodologias específicas e disciplinas conexas; b) analisar as denominações das disciplinas e correspondentes ementas; c) avaliar a repercussão dos conteúdos dessas disciplinas na formação profissional de professores para os Anos Iniciais do Ensino Fundamental. Para facilitar a organização e análise dos dados, as disciplinas foram distribuídas em quatro categorias, a saber: fundamentos teóricos da educação, conhecimentos referentes aos sistemas educacionais, conhecimentos referentes à formação profissional específica, conhecimentos referentes às modalidades e níveis de ensino, outros saberes, Pesquisa e TCC. Tais categorias foram aproveitadas e adaptadas do estudo de Gatti e Nunes (2009). Na categoria "conhecimentos referentes à formação profissional específica", de interesse mais imediato na pesquisa mencionada e para este texto, foram incluídas as disciplinas: didática, fundamentos e metodologias específicas, conteúdos do currículo do Ensino Fundamental e tecnologias educativas.

Analisando os dados em relação à didática, verificou-se que a proporção de horas/aula destinada ao bloco "formação profissional específica" corresponde a 28,95% (em média), ou seja, um terço da carga horária total dos cursos, informação que nos parece bastante

3. A coleta de dados foi realizada em 2009 nas 25 instituições de ensino superior existentes no estado de Goiás, sendo duas públicas, duas fundações municipais e 21 privadas. Observe-se que a Universidade Estadual de Goiás (UEG) possuía cursos de Pedagogia em 14 unidades administrativas, e a Universidade Federal de Goiás, 3 cursos, sendo um na capital e dois em cidades do interior. Dessa forma, pode-se dizer que a pesquisa abrangeu 40 cursos de licenciatura em Pedagogia no Estado de Goiás.

expressiva para indicar a desvalorização da formação profissional específica do professor. Observa-se que o bloco "fundamentos teóricos" tem em média 19,02% da carga horária total e o bloco "conhecimentos referentes ao sistema educacional" 13,7% em média. Analisando estes dados, comenta o autor da pesquisa:

> A presença, nos currículos, de disciplinas de "fundamentos" e disciplinas voltadas ao exercício profissional do professor, leva a supor que as primeiras teriam a função de prover ao futuro professor os elementos teóricos da profissão, e as segundas de formação para as demandas da prática docente na escola e na sala de aula. No entanto, um ligeiro olhar sobre as ementas permite concluir que é muito tênue a relação das disciplinas de "fundamentos" com as práticas, enquanto que as disciplinas referentes à formação profissional, em boa parte, não recorrem aos "fundamentos" e, frequentemente, dão a impressão de que "ficam na teoria", desdenhando o "quê" e o "como" ensinar (Libâneo, 2011b, p. 26).

Sobre as ementas de didática (ou denominação conexa), a análise do conteúdo mostra que ao menos 70% delas expressam uma didática instrumental, no sentido de descrever conhecimentos técnicos, mormente modelos de planejamento e de procedimentos (regras de execução, técnicas). Os temas mais constantes são: planejamento de ensino, conteúdos e métodos, relação professor-aluno, avaliação. As ementas (com algumas exceções) apresentam características comuns como frágil aporte teórico, caráter genérico, superficialidade, apenas variando a extensão do texto. Apenas uma das ementas com a denominação *Didática fundamental* se destaca dos conteúdos convencionais quando inclui a relação entre a prática social e a prática pedagógica do professor; a contribuição das teorias do conhecimento, da cognição e as metodologias específicas das ciências; as dimensões humana, técnica, política, ética e estética do ensino. Conforme foi registrado no relatório de pesquisa:

> Os limites da didática instrumental não estão na ênfase que põe nos modos de operar do professor, no "como fazer", nem mesmo no destaque

> ao planejamento de ensino e às técnicas. Isto tudo é necessário. O que falta são os aportes teóricos e epistemológicos para a compreensão da complexidade da mediação didática, que envolve a articulação entre saberes dos conteúdos específicos, saberes pedagógico-didáticos, saberes da experiência do aluno-futuro professor e, além disso, uma abordagem teoricamente fundamentada das metodologias e dos procedimentos de ensino em conexão com a cultura e o cotidiano escolar e o conhecimento local, tudo lastreado pela atitude investigativa (Id., p. 31).

Quanto às disciplinas de Fundamentos e metodologias específicas, como se sabe, são as que devem suprir ao futuro professor as bases metodológicas e procedimentais para ensinar os conteúdos das disciplinas do currículo dos Anos Iniciais do Ensino Fundamental, ou seja, língua portuguesa, matemática, ciências naturais, história, geografia, arte, educação física. A pesquisa que vimos mencionando relata que, em relação aos tópicos das ementas, a análise mostra que prevalece nos projetos pedagógicos a ideia de "fundamentos" como princípios básicos nos quais se apoiam as disciplinas, enfatizando apenas os aspectos metodológicos e procedimentais quase sempre dissociados dos conteúdos.

Em relação aos conteúdos específicos do currículo do Ensino Fundamental, tema deste texto, constatou-se que estão praticamente ausentes. Embora estejam registradas na matriz curricular disciplinas que trazem os termos "fundamentos de..." ou "conteúdos de...", nos quais supostamente apareceriam os conteúdos específicos a serem ensinados nos Anos Iniciais, não é o que acontece. Não há evidência em nenhuma ementa de que são contemplados, de forma sistemática, os conteúdos substantivos de cada disciplina a ser ensinada no Ensino Fundamental. Parece haver um entendimento tácito entre os professores-formadores e entre os coordenadores de curso responsáveis pelo currículo de que os alunos já dominam esses conteúdos, trazidos do ensino médio, o que, como se sabe, não acontece.

Ao traçar o quadro atual da didática e das metodologias específicas e o lugar ocupado pelo conteúdo das disciplinas a serem ensinadas nas séries iniciais, as duas pesquisas trazem constatações bastante preocupantes. Primeira, não se observa efetiva articulação entre metodologias e conteúdos, ou seja, as metodologias são tratadas em desconexão com os conteúdos, já que não são ensinados aos alunos "conteúdos" do Ensino Fundamental[4]. Segunda, a ausência, na maioria dos cursos analisados, de disciplinas de conteúdos específicos do Ensino Fundamental a serem ensinados aos alunos pelas professoras. Terceira, as metodologias tendem a funcionar unilateralmente (centradas no professor) sem destacar a interação aluno-objeto de conhecimento, isto é, sem ajudar os alunos a desenvolverem processos mentais (conceitos) que lhes permitam interagir criticamente com o mundo da natureza, da cultura e de si próprio. É muito provável que predomine, ainda, em boa parte dos professores-formadores, uma concepção de metodologia de ensino apenas como procedimentos, distanciada da problemática epistemológica; esta parecer ser a grande ausente na concepção curricular dos cursos e nas ementas, já os futuros professores não aprendem os conteúdos específicos. A quarta preocupação refere-se à pequena contribuição das disciplinas de "fundamentos da educação" às metodologias de ensino e, ao mesmo tempo, pouca menção nas ementas de didáticas e metodologias específicas dos referidos fundamentos. Tal separação mostra mais uma vez a tão reiterada separação entre teoria e prática na formação. Talvez fosse razoável pensar que o problema real já não seria tanto o fato de um e outro conjunto de disciplinas não mostrar vínculo teoria-prática, mas a prevalência de um modo de pensar, tal como escrevi em outro texto:

---

4. Em artigo publicado nos Anais do XV ENDIPE (2010) discuto a relação entre didática e epistemologia, mostrando que a didática pensa a lógica das aprendizagens a partir da lógica do saber ensinado, ou seja, sua epistemologia. A citação de Vergnaud é bastante esclarecedora a esse respeito: "(...) a didática não visa apenas encontrar melhores métodos ou novas técnicas de ensinar um conteúdo específico. Ela pode considerar com profundidade os conteúdos de ensino em função das finalidades do ensino, do desenvolvimento da criança e do adolescente, da epistemologia do domínio científico considerado ou da evolução das qualificações exigidas por nossa época".

> As deficiências e limitações das formas atuais de ensino na universidade seriam decorrentes, menos da falta de formação pedagógico-didática, e mais da existência de um posicionamento epistemológico tácito dos professores, isto é, de um modo de pensar decorrente da visão cartesiana de ciência, que se reflete em aprendizagens parciais, fragmentadas, pouco imaginativas (Libâneo, 2009).

As duas pesquisas apresentadas mostram, assim, visíveis fragilidades da licenciatura em Pedagogia em relação ao papel das disciplinas relacionadas com a formação profissional específica (didática, didáticas especiais, metodologias de ensino). Em especial, fornecem pistas para analisar os incalculáveis efeitos no desempenho escolar dos alunos e no próprio desempenho de conjunto do sistema escolar da ausência no currículo dos conteúdos disciplinares que os futuros professores ensinarão às crianças.

3. Que falta faz o conhecimento do conteúdo no curso de licenciatura em Pedagogia?

As pesquisas trazidas neste texto sobre a composição curricular dos cursos de licenciatura em Pedagogia — uma sobre as conexões entre objetivos e funções da escola e as políticas implantadas pelas agências internacionais sob os auspícios do Banco Mundial e duas sobre a estrutura curricular do curso de Pedagogia — mostraram a existência de graves lacunas nesse curso, com efeitos danosos para a formação de professores para a Educação Infantil e Anos Iniciais do Ensino Fundamental.

A análise das matrizes curriculares e ementas mostram indícios de que os currículos desses cursos apresentam sinais de uma estrutura fragmentária e dispersa. Há uma grande variação entre as instituições no que se refere à denominação das disciplinas e na porcentagem de carga horária em cada uma das categorias das quais nos servimos para agrupar os dados. As ementas apresentam conteúdos demasiado simplificados e com pouca densidade teórica. Ao mesmo tempo, é razoável levantar a suspeita de que a maioria dos cursos mantém a concepção curricular e a nomenclatura das disciplinas ainda baseadas na legislação do curso de Pedagogia em suas três regulamentações — 1939, 1962, 1969 —, reforçando as mesmas limitações sistematicamente diagnosticadas pela crítica ao longo das últimas décadas, e teimosamente inalteradas: dubiedade em relação à finalidade do curso (formação de professores? de gestores? de pesquisadores?), separação entre teoria e prática, entre conteúdo e método etc. A Resolução CNE/CP n. 1/2006 que instituiu as diretrizes nacionais para a licenciatura em Pedagogia trouxe mais confusão, pois ao definir a docência como base da formação profissional, acabou por manter um currículo sobrecarregado de funções e de disciplinas dispersas, com objetivos ambíguos, em que as disciplinas e suas ementas se ressentem de referências mais explícitas à finalidade do curso e à formação de professores (Libâneo, 2006; Rodrigues e Kuenzer, 2007). Está ausente a preocupação epistemológica, que se reflete na não articulação entre conteúdos e metodologias específicas das diferentes matérias, o que compromete, no trabalho do professor, o conhecimento pedagógico do conteúdo. Além disso, as disciplinas de "fundamentos" e as didáticas não conseguem sustentar no seu ensino, a unidade entre teoria e prática, comprometendo a aplicação do que se ensina nos contextos reais da escola e da sala de aula.

No entanto, o que ressalta na análise do currículo dos cursos de Pedagogia é a ausência do ensino de conteúdos específicos das matérias que os futuros professores irão ensinar às crianças. O professor formado ingressa nos Anos Iniciais despreparado para ensinar os conteúdos. O professor ensina o que sabe. Sem domínio do conteúdo que deveria ensinar, sem encantamento pelo conhecimento, sem uma cultura ampliada no campo da ciência e da arte, não poderá despertar nos alunos gosto pelo saber, o entusiasmo pelo estudo. Do mesmo modo, será impossível atender à alínea VI inserida no art. 5º da Resolução CNE n. 1/2006, sobre abordagem interdisciplinar das disciplinas do Ensino Fundamental. A ausência dos conteúdos do currículo do

Ensino Fundamental reitera constatação já feita em 1976 por Valnir Chagas sobre a "ausência de conteúdo na capacitação superior do professor primário" (Chagas, 1975, p. 66), ou seja, há 35 anos se sabe que é precária a formação do professor para os Anos Iniciais para os conteúdos que irá ensinar, e nada foi feito pelo sistema de ensino, pela legislação, pelos movimentos organizados da área da educação, pelos estudiosos da formação nesse nível, em relação ao provimento de saberes disciplinares no currículo de formação.

A esse respeito, ocorre no Brasil, no âmbito da formação de professores, um estranho paradoxo. Professores dos Anos Iniciais do Ensino Fundamental que precisam dominar conhecimentos e metodologias de conteúdos muito diferentes como português, matemática, história, geografia, ciências e, às vezes, artes e educação física, não recebem esses conteúdos específicos em sua formação, enquanto os professores dos anos finais, preparados em licenciaturas específicas, passam quatro anos estudando uma só disciplina, aquela em que serão titulados. É impossível este paradoxo não provocar estragos no sistema de formação para os Anos Iniciais. Por exemplo, há razões para se afirmar que o despreparo de professores produz nas crianças das séries iniciais acentuados desajustes em seu preparo cognitivo para a continuidade do seu processo de aprendizagem. A inexistência de pré-requisitos cognitivos essenciais, se forem aceitáveis argumentos da psicologia do desenvolvimento e da aprendizagem, pode inviabilizar novas aprendizagens ou reafirmar aprendizagens mal consolidadas, prejudicando o aproveitamento escolar posterior e comprometendo irremediavelmente o papel da escola em formar cidadãos aptos a enfrentar as tarefas postas pela vida social. A ampliação dos Anos Iniciais para cinco anos aumenta o descalabro atualmente existente, especialmente em relação aos fatores intraescolares ligados a deficiências pedagógico-didáticas.

Uma hipótese a ser seriamente avaliada no âmbito dos sistemas de ensino e da pesquisa, e que pode parecer algo temerário se não catastrófico, consiste em saber se as deficiências na formação de professores dos Anos Iniciais do Ensino Fundamental, mormente a falta de saberes disciplinares cujos conteúdos deverão ser ensinados às crianças, não estaria sendo um dos fatores determinantes do baixo desempenho do sistema de ensino brasileiro, tal como tem sido evidenciado nas avaliações em escala feitas pelo Ministério da Educação por meio da Prova Brasil e Provinha Brasil.

Os problemas apurados na análise dos dados das pesquisas podem estar indicando que o impacto das diretrizes de organismos internacionais como o Banco Mundial e a Unesco no sistema de formação de professores é mais profundo do que tem parecido à primeira vista. Conforme vimos anteriormente, a definição de objetivos para a escola antecede outras políticas educacionais como currículo, organização da escola, formação de professores etc. Desse modo, para uma escola cuja função se divide ora em ser lugar de preparação para empregabilidade imediata, ora de acolhimento social ou de integração social (ou ambas as funções) e não a apropriação de conhecimentos e de desenvolvimento intelectual, afetivo, moral e estético, o professor não precisa de muito conteúdo e nem de formação específica para Educação Infantil e Anos Iniciais do Ensino Fundamental. Basta que aprenda "habilidades" técnicas para "passar" o conteúdo pré-elaborado. É possível deduzir disso graves prejuízos na constituição da identidade profissional do professor.

Numa perspectiva oposta ao que se verifica nas políticas educacionais oficiais e em documentos sobre formação de professores, autores russos como Vigotski, Leontiev e Davídov, pertencentes à teoria histórico-cultural, mostram em suas obras que o ensino e a educação têm um papel decisivo no desenvolvimento psíquico do ser humano de todas as idades. Eles atuam como formas de organização dos processos de apropriação, pelos indivíduos, das capacidades e dos modos de agir formados sócio-historicamente e objetivadas na cultura material e espiritual. Em um raciocínio bem semelhante escreve Sacristán (2000, p. 100):

> Nas sociedades complexas, as clássicas funções da escolarização encontram-se distribuídas entre diferentes espaços vitais, a cargo de

mecanismos de influência diversificados, e acontecem no interior de várias instituições. (...) As escolas se centrarão mais em algumas responsabilidades do que a outras, conforme circunstâncias e necessidades de cada sociedade. Esses campos de ação mais próprios deveriam ser aqueles que menos oportunidade tenham de ser desenvolvido por outros agentes socializadores de forma controlada e reflexiva. O cultivo da leitura e escrita, por exemplo, ou o proporcionar uma visão científica do mundo, é papel das escolas fazê-los sendo pouco provável que outros agentes o façam nas condições e meios com os quais podem fazê-los.

O psicólogo e pedagogo russo Vasili Davídov, pesquisador vinculado à teoria histórico-cultural dentro da tradição iniciada por Vigotski na Rússia, é explícito sobre a precedência dos conteúdos em relação a objetivos de ensino para o desenvolvimento mental dos alunos e, portanto, na escolha de metodologias de ensino. Esse autor sintetiza de forma precisa esse entendimento acerca do papel dos conteúdos:

> [...] A base do ensino desenvolvimental é seu conteúdo. Deste conteúdo são derivados os métodos (ou modos). Esta proposição exemplifica o ponto de vista de Vygotski e Elkonin. 'Para nós, escreveu Elkonin, tem importância fundamental sua idéia, isto é, de Vigotski, de que o ensino realiza seu papel principal no desenvolvimento mental, antes de tudo, por meio do conteúdo do conhecimento a ser assimilado'. Concretizando esta proposição, deve-se observar que a natureza desenvolvimental da atividade de aprendizagem no período escolar está vinculada ao fato de que o conteúdo da atividade acadêmica é o conhecimento teórico (Davydov, 1988, p. 19).

Davídov define como função preponderante da escola a de assegurar os meios para os alunos se apropriarem dos conhecimentos e, assim, formarem um modo de pensar teórico-conceitual. Esse modo de pensar, que consiste de operações mentais, se forma por meio de conceitos adequados em relação ao objeto de estudo. Por sua vez, os conceitos, enquanto modos de operação mental, são formados com base nos processos lógicos e investigativos da ciência ensinada. Esse processo de apropriação dos conhecimentos na forma de conceitos, em que são formados modos de pensar e agir, produz mudanças no desenvolvimento psíquico dos alunos propiciando novas capacidades intelectuais para apropriação de conhecimentos de nível mais complexo. Para isso, é requerida uma atividade psicológica interna que permite integrar conteúdos e motivos dos alunos. Desse modo, o conhecimento pedagógico do professor (pelo qual o aluno será levado a aprender do melhor modo possível o conteúdo) depende do conteúdo e das particularidades investigativas da ciência ensinada, ou seja, depende das características do conhecimento disciplinar, além de se levar em conta as características individuais e socioculturais dos alunos (Libâneo, 2015). Em outras palavras, o conhecimento disciplinar e o conhecimento didático estão mutuamente relacionados, sendo este último vinculado diretamente aos conteúdos e procedimentos lógicos e investigativos da ciência que está sendo estudada (Libâneo, 2015).

Em conclusão

A análise dos dados obtidos pelas pesquisas apresentadas traz importantes contribuições aos coordenadores de cursos de Pedagogia, professores formadores, pesquisadores, legisladores e responsáveis pelo funcionamento do sistema de ensino, mostrando os entraves que podem estar ocorrendo na formação profissional dos professores para os Anos Iniciais do Ensino Fundamental. Mesmo considerando-se que, no Brasil de hoje, coexista uma variedade de entendimentos sobre objetivos e funções do ensino obrigatório fundamental, há um segmento numeroso de educadores que acredita no valor da escola como lugar de formação cultural e científica e de promoção do desenvolvimento cognitivo, afetivo e moral, e na importância do processo de ensino-aprendizagem. Para esses educadores, faz diferença o empenho do governo, da sociedade e das comunidades locais em favor de um sistema de ensino voltado para o conhecimento e para a formação das capacidades intelectuais, especialmente para os segmentos da população excluídos de bens materiais, culturais e das condições mínimas de cidadania. Esta posição fica reforçada se considerarmos que na sociedade brasileira a desigualdade social é aumentada pelas desiguais oportunidades de acesso aos bens culturais, mormente ao ensino de qualidade. Conforme Santos (2000, p. 249):

> No que diz respeito às relações de poder, o que é mais característico das nossas sociedades é o fato de a desigualdade material estar profundamente entrelaçada com a desigualdade não material, sobretudo com a educação desigual, a desigualdade das capacidades representacionais-comunicativas e expressivas e, ainda, a desigualdade de oportunidades e de capacidades para organizar interesses e para participar autonomamente em processos de tomadas de decisões significativas.

A especificidade da escola é, assim, tornar acessível a todos a apropriação subjetiva dos saberes da cultura ou do conhecimento universal, desenvolvendo práticas pedagógicas adequadas. Trata-se de uma cultura crítica, assegurada por uma escolarização que possibilita a reflexividade, a análise crítica do mundo, em situações didáticas em que os conteúdos sejam compreendidos como integração de conhecimentos disciplinares e cotidianos, entre o conhecimento teórico-científico e os conhecimentos gerados nas práticas socioculturais vivenciadas pelos alunos. Este processo de subjetivação da cultura implica muitas condições mas, antes de tudo, "substância nos conteúdos, densidade nos significados potenciais a serem propostos para extrair deles significados relevantes para o sujeito" (Sacristán, 2000, p.107). Uma escola desprovida de conteúdos culturais substanciosos e densos reduz as possibilidades dos pobres de ascenderem ao mundo cultural e ao desenvolvimento das capacidades intelectuais.

Para tudo isso, requer-se um consenso nacional sobre a importância da valorização profissional e intelectual dos professores, a partir da atenção àqueles que atuam nos Anos Iniciais da escolarização. São os professores os agentes centrais da qualidade do ensino e da educação. Se a educação escolar obrigatória é a base cultural de um povo, então são necessários professores que dominem os conteúdos da cultura e da ciência e os meios de ensiná-los, além de serem portadores de outros requisitos como condições favoráveis de salário e de trabalho, bagagem cultural e científica, formação pedagógica, autoestima e segurança profissional.

Referências

BALL, Stephen. J. *Education Reform:* A critical and pos strutural approach. Buckinghan: Open University Press. 1994.

BANCO MUNDIAL. *Prioridades e estratégias para a educação.* Washington, DC: World Bank, 1995.

BARBOSA, Inês O.; SGARBI, Paulo (Orgs.). *Redes culturais:* diversidade e educação. Rio de Janeiro: DP&A, 2002.

BRASIL. Ministério da Educação. *Plano de desenvolvimento da educação.* 2007.

______. Ministério da Educação. *Plano Decenal de Educação para Todos.* Brasília, 1993.

CHAGAS, Valnir. *Formação do magistério.* São Paulo: Atlas, 1976.

CANDAU, Vera M.; KOFF, Adélia M. N. S. Conversas com... sobre a didática e a perspectiva multi/intercultural. *Educação e Sociedade,* v. 27, p. 471-493, 2006.

DALE, Roger. Globalização e educação: demonstrando a existência de uma "cultura educacional mundial comum" ou localizando uma "agenda globalmente estruturada para a educação". *Educação e Sociedade,* v. 25, n. 87, p. 423-460, 2004.

DAVYDOV, Vasili V. Problems of developmental teaching — The experience of theoretical and experimental psychological research. *Soviet Education,* New York, Sep. 1998.

EVANGELISTA, Olinda. Qualidade da educação pública: Estado e organismos multilaterais. In: LIBÂNEO, J. C.; SUANNO, M. V. R.; LIMONTA, S. V. *Qualidade da escola pública:* políticas educacionais, didática e formação de professores. Goiânia: Ceped Publicações, 2013.

EVANGELISTA, Olinda. (Org.). *O que revelam os "slogans" na política educacional*. Araraquara: Junqueira & Marin Editores, 2014.

______; SHIROMA, Eneida O. Educação para o alívio da pobreza: novo tópico da agenda global. *Revista de Educação PUC Campinas*, n. 20, p. 43-54, 2004.

FRIGOTTO, Gaudêncio; CIAVATTA, Maria. Educação básica no Brasil na década de 1990: subordinação ativa e consentida à lógica de mercado. *Educação e Sociedade*, v. 24, n. 82, p. 93-130, 2003.

GABRIEL, C. T. Didática crítica multi/intercultural. In: CANDAU, V. M. (ed.). *Educação intercultural e cotidiano escolar*. Rio de Janeiro: 7Letras, 2006.

GARCIA, R. M. C. Para além da "inclusão": crítica às políticas educacionais contemporâneas. In: EVANGELISTA, O. (Org.). *O que revelam os "slogans" na política educacional*. Araraquara: Junqueira & Marin Editores, 2014. p. 101-140.

GATTI, Bernadete A.; NUNES, Marina M. R. (Orgs.). *Formação de professores para o ensino fundamental*: estudo de currículos das licenciaturas em pedagogia, língua portuguesa, matemática e ciências biológicas. São Paulo: Fundação Carlos Chagas/DPE, 2009.

GAUTHIER, Clermont et al. *Por uma teoria da pedagogia*: pesquisas contemporâneas sobre o saber docente. Ijuí: Editora Unijuí, 1998.

GÓMEZ, A. P.; SACRISTÁN, José G. *Compreender e transformar o ensino*. Porto Alegre: Artmed, 2000.

LEHER, Roberto. *Da ideologia do desenvolvimento à ideologia da globalização*: a educação como estratégia do Banco Mundial para o alívio da pobreza. Tese (doutorado) — Faculdade de Educação, Universidade de São Paulo. São Paulo, 1988.

LENOIR, Y.; ADIGÜZEL, O.; LENOIR, Y.; LIBÂNEO, J.C.; TUPIN, F. (Orgs.). *Les finalités éducatives scolaires*: Pour une étude critique des approches théoriques, philosophiques et idéologiques. Saint-Lambert: Groupéditions Éditeurs, 2016. p. 159-280.

LESSARD, Claude; MEIRIEU, Philippe. *L'obligation de résultats en éducation*: évolutions, perspectives et en jeux internationaux. Bruxelles: Groupe De Boeck, 2005.

LIBÂNEO, José C. Diretrizes curriculares da pedagogia: imprecisões teóricas e concepção estreita da formação profissional de educadores. *Educação e Sociedade*, n. 96, out. 2006.

LIBÂNEO, José C. Integração entre didática e epistemologia das disciplinas: uma via para a renovação dos conteúdos da didática. In: DALBEN, Ângela et al. (Orgs.). *Convergências e tensões no campo da formação e do trabalho docente:* didática, formação de professores, trabalho docente. Belo Horizonte: Autêntica, 2010.

______. Panorama do ensino da didática, das metodologias específicas e disciplinas conexas, nos cursos de pedagogia do estado de Goiás: repercussões na qualidade da formação profissional. In: LONGAREZI, Andrea M.; PUENTES, Roberto V. (Orgs.). *Panorama da didática:* ensino, prática e pesquisa. São Paulo: Papirus, 2011b.

______. O dualismo perverso da escola pública brasileira: escola do conhecimento para os ricos, escola do acolhimento social para os pobres. *Educação e Pesquisa*, v. 38, n. 1, p. 13-28, 2012.

______. Internacionalização das políticas educacionais: elementos para uma análise pedagógica de orientações curriculares para o ensino fundamental e de propostas para a escola pública. In: SILVA, M. A.; CUNHA, C. (Org.). *Educação básica:* políticas, avanços, pendências. Campinas: Autores Associados, 2014. p. 13-56.

______. Formação de professores e didática para desenvolvimento humano. *Educação & Realidade*, v. 40, n. 2, p. 629-650, abr./jun. 2015.

______. Políticas educacionais no Brasil: desfiguramento da escola e do conhecimento escolar. *Cadernos de Pesquisa* v. 46, n. 159 p. 38-62, jan./mar. 2016.

______. Finalités et objectifs de l'éducation scolaire et actions des organismes internationaux: le cas du Brésil. In: LENOIR, Y.; ADIGÜZEL, O.; LENOIR, Y.; LIBÂNEO, J.C.; TUPIN, F. (Orgs.). *Les finalités* éducatives *scolaires:* Pour une étude critique des approches théoriques, philosophiques et idéologiques. Saint-Lambert: Groupéditions Éditeurs, 2016. p. 159-280.

MOEHLECKLE, S. As políticas de diversidade na educação no Governo Lula. *Cadernos de Pesquisa*, v. 39, n. 137, 2009.

MOREIRA, Antonio F.; CANDAU, Vera M. (Orgs.). *Currículos, disciplinas escolares e culturas*. Petrópolis: Vozes, 2014.

NEVES, Lúcia M. W. (Org.). *A nova pedagogia da hegemonia:* estratégia do capital para educar o consenso. São Paulo: Xamã, 2005.

NÓVOA, António. *Professores:* imagens do futuro presente. Lisboa: Educa, 2009.

PACHECO, José A.; MARQUES, Micaela. Governabilidade curricular: ação dos professores em contextos de avaliação externa. In: OLIVEIRA, M. R. N. S. (Org.). *Professor*: formação, saberes, problemas. Porto: Porto Editora, 2014. p. 105-135.

PIMENTA, Selma G. A didática como mediação na construção da identidade do professor: uma experiência de ensino e pesquisa na licenciatura. In: ANDRÉ, Marli E. D.; OLIVEIRA, Maria R. (Orgs.). *Alternativas no ensino de didática.* São Paulo: Papirus, 1997.

RODRIGUES T. C.; ABRAMOWICZ, A. O debate contemporâneo sobre a diversidade e a diferença nas políticas e pesquisas em educação. *Educação e Pesquisa*, São Paulo, v. 39, n. 1, 2013.

RODRIGUES, Marli de; KUENZER, Acácia. As diretrizes curriculares para o curso de pedagogia: uma expressão da epistemologia da prática. *Olhar de professor*, v. 10, n. 1, p. 35-62, 2007.

SACRISTÁN, José G. *La educación obligatoria*: su sentido educativo y social. Madrid: Morata, 2000.

SANTOS, Boaventura Sousa. *A crítica da razão indolente.* Contra o desperdício da experiência. São Paulo: Cortez, 2000.

SILVA, Maria A.; CUNHA, Célio da (Orgs.). *Educação básica:* políticas, avanços e pendências. Campinas: Autores Associados, 2014.

TORRES, Rosa Maria. *Educação para Todos:* a tarefa por fazer. Porto Alegre: Artmed, 2001.

UNESCO. CONFERÊNCIA MUNDIAL DE EDUCAÇÃO PARA TODOS. *Declaração mundial sobre educação para todos e Plano de ação para satisfazer as necessidades básicas de aprendizagem.* Tailândia: Jomtien, 1990.

YOUNG, M. Para que servem as escolas? *Educação e Sociedade*, v. 28, n. 101, p.1287-1302, 2007.

CAPÍTULO 3

Curso de Graduação em Pedagogia:

considerações sobre a formação de professores/as para a Educação Infantil

Maria Letícia Barros Pedroso Nascimento

Ainda que o campo da formação de professores/as não seja meu objeto principal de pesquisa, trabalhar com a Educação Infantil e suas políticas e/ou concepções de infância e crianças acaba por levar a refletir sobre aspectos da formação, e é nessa perspectiva que pretendo desenvolver este texto. Assim, em primeiro lugar, cabe apresentar, ainda que brevemente, os percursos da Educação Infantil no Brasil e seus principais desafios para, em seguida, discutir tensões relacionadas à formação de professores/as para esse segmento da educação. Um terceiro ponto a ser abordado pretende refletir sobre a formação inicial e as Diretrizes Curriculares Nacionais da Pedagogia (DCNP), trazendo para discussão as intervenções, no caso do estado de São Paulo, do Conselho Estadual de Educação. O texto pretende, desse modo, problematizar as conquistas e as tensões presentes na formação de professores/as para a Educação Infantil, a partir da promulgação das DCNP em 2006.

Educação infantil no Brasil: percursos e desafios

Pode-se dizer que, embora centenário[1], o campo da Educação Infantil é recente no Brasil. Creches, jardins de infância e parques infantis[2], principais instituições de educação e guarda das crianças menores de sete anos, promoveram diferentes dimensões de cuidado e educação ao longo do século XX[3]. Administradas por entidades de caráter religioso ou filantrópico, muitas vezes em convênio com governos municipais ou estaduais, as creches admitiam funcionárias pouco escolarizadas para o contato direto com as crianças, embora supervisão, coordenação e programação das instituições permanecessem nas mãos de professoras, enquanto os jardins de infância, incorporados às escolas normais, de formação docente[4], delineavam seu caráter educacional como etapa anterior à escola, voltada para crianças de 4 a 6 anos de idade. Os parques infantis, por sua vez, recrutavam profissionais com diferentes formações para o trabalho com o folclore, com as manifestações culturais e artísticas, com as brincadeiras e jogos infantis e com a educação física em sua programação.

Na década de 1970 ocorreu uma significativa expansão de creches e pré-escolas, estas com exigência de educadores habilitados (Rosemberg, 1997, 1999, 2002, 2003). As creches expandiram o atendimento em razão da pressão social dos movimentos populares de luta por creche, o que gerou um aumento "do número de creches diretamente mantidas e geridas pelo Poder Público e aumento de creches particulares conveniadas com o governo municipal, estadual ou federal" (Oliveira, 1988, p. 49), e de "modelos ditos *não formais*, reduzido investimento,

---

1. De acordo com Kuhlmann Jr. (1998), o primeiro Jardim de Infância data de 1875, criado no Rio de Janeiro, e a primeira creche em 1899, também no Rio de Janeiro.

2. Criados em 1935, no Departamento de Cultura do município de São Paulo, tornaram-se pré-escolas em 1975.

3. Ver Kuhlmann Jr., 1998, 2000, 2001, 2002; Kramer, 1995; Oliveira, 1988, 2002, 2005; Civiletti, 1991; Rosemberg, 1989, 1997. Ver ainda Oliveira, 1985; e Faria, 1999.

4. As *jardineiras* passavam por um curso regular de formação de professoras.

propugnados por organizações multilaterais" (Rosemberg, 2003, p.177, grifos no original). Parece interessante destacar que

> Durante os governos militares, o Estado formulou uma política de intensa expansão da oferta de vagas, configurando à educação infantil um perfil de atendimento de massa, principalmente por meio de programas implantados pelos extintos Movimento Brasileiro de Alfabetização — MOBRAL e Legião Brasileira de Assistência — LBA. Apoiado numa concepção de educação compensatória, preparando crianças consideradas carentes para o ingresso no ensino fundamental, esse modelo sofreu, posteriormente, o impacto de novas ideias sobre educação infantil veiculadas pelos movimentos sociais das décadas de setenta e oitenta (o movimento de mulheres e o movimento pelos direitos das crianças e dos adolescentes), redundando em propostas avançadas para a Constituição de 1988, mas que não foram implantadas. O modelo adotado foi nitidamente influenciado, no início, por propostas elaboradas e divulgadas pelas organizações intergovernamentais, em especial o UNICEF e a UNESCO (Kramer, 1995; Vilarinho, 1987; Rosemberg, 1997) (Rosemberg, 1999, p. 14-15).

Sob a influência da educação compensatória e da demanda dos movimentos sociais por um número maior de pré-escolas, os parques infantis assumem essa tarefa, com exigência de educadores habilitados. A expansão da pré-escola vai resultar da aposta no desenvolvimento cognitivo das crianças de 4 a 6 anos como recurso para a prevenção do futuro insucesso na escola (Kramer, 1995). De acordo com Rosemberg (1999, p. 15),

> o modelo de educação pré-escolar — na verdade, denominada pré-primária — perseguido pela administração educacional, divergia do modelo da creche destinada aos pobres e alinhavam-se às recomendações emanadas da XXVI Conferência Internacional da Instrução Pública da UNESCO, de 1961 (UNESCO, 1961). Este documento enfatizava o caráter essencialmente educativo da pré-escola, que deveria adotar um modelo formal, adequando-se, antes de tudo, à idade da criança.

Recomendava-se um atendimento de preferência público e, nesse caso, gratuito. O corpo docente deveria equivaler, na sua formação e remuneração, ao da escola primária. A relação adulto-criança não deveria ultrapassar 1/20 e os espaços físicos — na sua dimensão, luminosidade, higiene e limpeza — deveriam adequar-se às características da idade (UNESCO, 1961). Era esse o modelo praticado em pequena escala no país e aquele desejado por técnicos das Secretarias Estaduais de Educação que já haviam implantado redes de pré-escola, considerado, porém, por alguns como um atendimento "elitista" diante do novo projeto de extensão da cobertura, visando compensar carências de populações empobrecidas e prepará-las para o ingresso no ensino fundamental.

A promulgação da Constituição Federal de 1988, marco histórico para a elaboração de políticas para a pequena infância, determinou creche e pré-escola como direito da criança, dever do Estado e escolha da família (Art. 208). Segundo Cury (1998), a Lei rompe "com a concepção de que a Educação Infantil é uma falta que deva ser compensada por ações de Amparo e de Assistência" (p. 14) e "acolhe a demanda da Educação Infantil como Direito da Criança" (p. 12). A Lei de Diretrizes e Bases da Educação Nacional (LDBEN), Lei n. 9.394/96, regulamenta creche e pré-escola como *educação infantil*, integrando a educação de crianças pequenas ao Sistema Educacional brasileiro, como primeira etapa da Educação Básica. Ainda que haja um movimento de integração, os nomes *creche* e *pré-escola* são mantidos como divisão etária: creche para crianças de 0 a 3 anos e pré-escola para aquelas entre 4 e 6 anos de idade.

A publicação de Diretrizes Curriculares Nacionais para a Educação Infantil (DCNEI), em sua primeira versão (Resolução CNE/CEB n. 1/1999) e em sua atualização (Resolução CNE/CEB n. 5/2009), configurou um novo paradigma, fundamentado na concepção de que cuidado e educação são funções complementares e indissociáveis na Educação Infantil. O documento orienta sobre a organização, a articulação, o desenvolvimento e a avaliação das propostas pedagógicas das instituições de Educação Infantil dos sistemas de ensino, estabelecendo as bases para o atendimento à pequena infância.

Mais recentemente, embora de acordo com a LDBEN de 1996, foram estabelecidas novas tensões para a Educação Infantil, como a ampliação do período de duração do Ensino Fundamental para nove anos (Lei n. 11.274/06) e a universalização da escola para as crianças a partir dos seis anos de idade. Além disso, a aprovação da Lei n. 12.796/2013[5], que torna o ensino obrigatório de 4 a 17 anos, rompe com o princípio de integração da Educação Infantil e redefine a divisão histórica entre creche e pré-escola.

Formação de professores/as para o primeiro nível da educação básica

As diferentes dimensões de educação e cuidado na Educação Infantil implicaram diferentes formações dos profissionais que atuavam nas creches e nas pré-escolas, como apontado no segmento anterior. Campos (1999) aponta *três ordens* de profissionais atuando nas escolas: o especialista, formado em nível superior, que leciona disciplinas específicas a partir da segunda metade do Ensino Fundamental; o generalista, formado anteriormente em curso de nível médio e, desde a LDBEN n. 9.394/96, nos cursos de Pedagogia, que leciona para os anos iniciais do Ensino Fundamental e para a Educação Infantil; e os educadores leigos,

> mal pagos, muitas vezes sem vínculo formal de emprego. Estão presentes na maioria das creches, tanto públicas como conveniadas, nas escolas rurais unidocentes das regiões mais pobres, nas escolas comunitárias das favelas de cidades do Nordeste e do Norte, nos programas pré-escolares de baixo custo, ou como monitores de educação de adultos (Campos, p. 135).

---

5. Essa regulamentação oficializa a mudança feita na Constituição por meio da EC59/2009.

A demanda por formação, dessa maneira, vai incidir não só na ampliação da escolarização/qualificação dos profissionais da Educação Infantil, sobretudo daqueles que trabalham nas creches, mas no estabelecimento de plano de carreira e salários, e, além disso, na elaboração de uma identidade profissional na e para a Educação Infantil. Essa preocupação está explícita na Política de Educação Infantil proposta pelo MEC em 1993, que sugeria diretrizes para uma política de recursos humanos, fundamentadas em dois pressupostos:

> (1) a educação infantil é a primeira etapa da educação básica, destina-se às crianças de zero a seis anos e é oferecida em creches e pré-escolas, e, (2), em razão das particularidades desta etapa de desenvolvimento, a educação infantil deve cumprir duas funções complementares e indissociáveis, cuidar e educar, complementando os cuidados e a educação realizados na família. Assim, o adulto que atua, seja na creche seja na pré-escola, deve ser reconhecido como profissional e a ele devem ser garantidas condições de trabalho, plano de carreira, salário e formação continuada condizentes com o papel que exerce (Barreto, 1994, p. 3).

Do ponto de vista legal, a LDBEN de 1996 exige formação superior, ou, no mínimo, de nível médio[6] para os profissionais que atuam na Educação Infantil e estabelece o período de dez anos para o atendimento desta determinação[7]. O Plano Nacional de Educação de 2001[8] traz, nos objetivos e metas da Educação Infantil, o estabelecimento de um Programa Nacional de Formação de Profissionais da área. Pretendia, em cinco anos, que todos os professores da Educação Infantil e das séries iniciais do Ensino Fundamental tivessem o nível médio, e, em dez anos, que 70% desses professores tivessem concluído o ensino superior em instituições qualificadas.

---

6. Art. 62 ao 64.

7. Art. 87, § 4, determina que "Até o fim da Década da Educação somente serão admitidos professores habilitados em nível superior ou formados por treinamento em serviço".

8. Lei n. 10.172/2001.

Estimava-se, em 1998, que cerca de 35% dos profissionais que atuavam em creches nas capitais não tivessem o Ensino Fundamental completo e que 16% dos docentes da pré-escola não tivessem completado o ensino médio (Barreto, 1998). Quinze anos depois, o censo escolar de 2013 aponta que 60% dos professores/as da educação infantil têm[9] formação superior e, em 2014, a porcentagem de professores/as da educação infantil com curso superior é 63,2%, representando 61,7% dos que atuam em creche e 64,9 dos que atuam na pré-escola[10].

Do ponto de vista histórico, houve grandes conquistas no que diz respeito à formação e à constituição da identidade de professora[11] de Educação Infantil, a partir do reconhecimento de que esta profissional precisa ser qualificada[12] para trabalhar com crianças pequenas, na perspectiva do educar e cuidar. Isto vai significar que profissionais que atuam em creches e pré-escolas não podem ser qualquer pessoa, mas professoras com formação pedagógica qualificada, realizada em nível superior, ou no mínimo, nível médio, que compreendam as representações da infância, os processos educativos e as características relacionais e lúdicas presentes na primeira etapa da Educação Básica, conforme as DCNEI. Nessa linha, cabe retomar a proposição de Rocha (2001, p. 31):

> enquanto a escola tem como sujeito o ***aluno***, e como o objeto fundamental o ***ensino*** nas diferentes áreas, através da ***aula;*** a creche e a pré-escola têm como objeto as ***relações educativas*** travadas num ***espaço de convívio coletivo*** que tem como sujeito a ***criança de 0 a 6 anos*** de idade (ou até o momento em que entra na escola).

---

9. Censo Escolar da Educação Básica 2013: resumo técnico, p. 37.

10. Percentual de Docentes com Curso Superior. Disponível em: http://portal.inep.gov.br/indicadores-educacionais

11. A partir deste ponto, o profissional da educação infantil será referido no feminino, visto que 82% dos trabalhadores desta etapa são mulheres, de acordo com o censo de 2007.

12. Em publicação de 2008, sobre a trajetória das trabalhadoras de creche, Silva aponta que entre 1988 e 1996 foi intensificado o debate sobre a definição de um perfil profissional adequado ao trabalho com crianças pequenas. Ver o capítulo denominado *Da pajem à professora: um percurso em debate.*

Uma formação docente adequada permitirá à docente da Educação Infantil propor, participar, refletir, reorganizar, compartilhar, com intencionalidade assumida e planejada. A valorização desta etapa passa pelo reconhecimento do trabalho das profissionais, pela continuidade de sua formação, pela consolidação de sua identidade.

Formação inicial e as Diretrizes Curriculares Nacionais da Pedagogia

A longa discussão sobre o *locus* da formação inicial de professores em nível superior, se em institutos superiores de educação ou faculdades de educação, debate que ocupou os principais encontros do campo da educação no final da década de 1990 e início dos anos 2000[13], e a legislação que foi publicada entre 1996 e 2006, a *Década da Educação*, contribuíram para dar visibilidade à formação docente. A contraposição do curso de Pedagogia ao modelo de formação dos Institutos Superiores de Educação e de Cursos Normais Superiores constituiu um embate[14] entre uma formação inicial aligeirada, mais técnica, e outra mais completa, com estudos sistemáticos e avançados da área da educação.

Em relação aos diferentes graus de escolaridade das profissionais da Educação Infantil, os estados e municípios, de acordo com as determinações legais, providenciaram formação em nível médio e em nível superior por meio de programas especiais realizados em parceria com universidades. No âmbito federal, o MEC lançou, em 2005, o Programa de Formação Inicial para Professores em Exercício na Educação Infantil (Proinfantil), para habilitar profissionais da Educação Infantil sem ensino médio. Elaborou também a Política

---

13. Destaque-se o volume "Formação de Profissionais da Educação: Políticas e Tendências", número especial do periódico *Educação e Sociedade*, de 1999, que reúne diferentes posições sobre essa formação.

14. Ver Scheibe, 2007.

Nacional de Formação de Profissionais do Magistério de Educação Básica para orientar a formação de profissionais em serviço, nos moldes da formação continuada.

Sobre a formação em nível médio, Freitas (2014, p. 433) considera que

> Quanto à formação em nível médio magistério (antigo normal), cabe retomarmos a Lei n. 12.796, de 04 de abril de 2013, que altera a LDB em vários aspectos, mas mantém a formação de professores para educação infantil e séries iniciais em nível médio, em que pese o grande número de cursos de pedagogia em nosso país. Dada a necessidade de elevar a formação desses profissionais educadores da infância, em nível superior, deverá estar definida, na instituição do regime de cooperação/colaboração — como parte do subsistema nacional de formação e valorização — a responsabilidade de cada ente federado e a articulação entre estados e municípios (definidas nos planos estaduais e planos municipais) pela oferta dos cursos de nível médio magistério. Essa oferta, somente possível hoje em 18 estados com a modalidade no ensino médio, deverá estar sintonizada com a universalização da educação infantil (pré-escola), a elevação do atendimento na creche, a implementação da escola de tempo integral e a necessidade de novos professores para a educação básica, definido o prazo inadiável para a extinção da modalidade normal em nível médio magistério em cada estado.

Os 18 estados brasileiros estão, inclusive, no Sul e no Sudeste, regiões onde se concentra o maior número de instituições públicas e de cursos de Pedagogia. A permanência da modalidade magistério, em nível médio, parece constituir alternativa para tornar o investimento na Educação Infantil mais barato, visto que implica salários mais baixos para as professoras que forma e para os docentes do curso. Além disso, um curso em extinção não demanda excelência no trabalho que desempenha, a formação inicial.

A formação de professores em nível superior, por sua vez, nas palavras de Dourado (2013, p. 371, grifo no original), refletiu na organização e nas políticas deste nível de ensino no país, e os decretos e resoluções publicadas

> Ao segmentarem a educação superior pelo estímulo à expansão das matrículas e à diversificação institucional, na prática, as políticas para o setor, na maioria dos casos, contribuíram para a *redução da educação superior à função de ensino*. Como desdobramento, ocorreram disputas na ação institucional relativa à formação de professores, destacando-se o *lócus* onde deveria ocorrer, suas prioridades, diretrizes, dinâmica curricular, relação entre formação e valorização profissional, entre outras.

Cabe reconhecer o número crescente de faculdades e institutos privados[15] criados na década de 1990, e levar em conta baixo custo da formação de professores, em modalidade presencial, semipresencial e à distância (EAD), ainda que essas modalidades[16] não sejam objeto deste texto.

Em relação aos cursos de Pedagogia, Aguiar et al. (2006, p. 821) apontam que

> as diversas identidades atribuídas ao curso de pedagogia no Brasil abrangem desde uma concepção de licenciatura separada do bacharelado, de corte positivista, a uma concepção de curso de estrutura única, envolvendo a relação intrínseca entre ambos, com base num enfoque globalizador.

A demanda por formação docente provocou o esquema *3+1*, três anos de bacharelado e um de formação pedagógica, ou licenciatura.

---

15. "[No intervalo entre maio de 1999 e junho de 2004] As iniciativas do MEC induziram também a uma política de crescimento desordenado do ensino superior privado. Cabe destacar a crescente expansão dos cursos normais superiores e do próprio curso de pedagogia, principalmente em instituições privadas, em sua grande maioria sem história e sem compromisso anterior com a formação em quaisquer de seus níveis e modalidades" (Aguiar et al., 2006, p. 825).

16. De acordo com o resumo técnico do Censo Escolar da Educação Básica 2013, o número de professores da educação básica matriculados em cursos de pedagogia em universidades públicas era 51.989 e em privadas, 152.508 — quase o triplo —, totalizando 204.497. Em relação às modalidades, os cursos presenciais tinham 85.316 matriculados e os à distância, 119.181. (p. 38) .

No caso dos cursos de Pedagogia, o quarto ano era reservado às chamadas *habilitações* que buscavam formar especialistas em educação — coordenação pedagógica, gestão escolar, supervisão escolar e orientação educacional — e, em seguida à LDB n. 9.394/96, formar para a docência na Educação Infantil. As habilitações foram extintas pela publicação das Diretrizes Curriculares Nacionais para o Curso de Pedagogia (DCNP).

Cabe lembrar que "o movimento de discussão e elaboração das diretrizes da pedagogia tem um marco importante em 1998, quando a Comissão de Especialistas de pedagogia, instituída para elaborar as diretrizes do curso, desencadeou amplo processo de discussão, em nível nacional" (Aguiar et al., 2006, p. 825). As DCNP foram encaminhadas ao Conselho Nacional de Educação em 1999 e, em 2006, finalmente, a partir dos Pareceres CNE/CP n. 05/2005 e n. 01/2006, e na Resolução CNE/CP n. 01/2006, foram definidas. As Diretrizes para o Curso de Pedagogia, nas palavras de Aguiar et al. (2006, p. 828-829) "demarcam novo tempo e apontam para novos debates no campo da formação do profissional da educação no curso de pedagogia, na perspectiva de se aprofundar e consolidar sempre mais as discussões e reflexões em torno desse campo".

Os cursos de Pedagogia nas universidades públicas e privadas tornaram-se o principal *locus* da formação docente para a Educação Infantil. Pode-se, contudo, perguntar se conseguiram superar a formação restritiva encontrada nos cursos de formação de professores, voltados tradicionalmente para a formação para o Ensino Fundamental, nível de ensino com características absolutamente diferentes da Educação Infantil[17].

Em pesquisa publicada em 2010, sobre a formação inicial em cursos de Pedagogia, Gatti et al. (p. 98-99), mapeiam as propostas curriculares dos cursos de formação de professores da educação básica — licenciaturas em Pedagogia, Língua Portuguesa, Matemática

---

17. Ver Freitas, 2007; Barbosa, 2007; Nascimento, 2014.

e Ciências Biológicas —, que, evidentemente, observam as orientações das DCNP de 2006, e as organizam em categorias que pretendem informar a *tendência formativa do conjunto dos cursos*, ou seja, os fundamentos teóricos da educação, os conhecimentos relativos aos sistemas educacionais, os relativos à formação profissional específica, os relativos ao nível da Educação Infantil e modalidades de ensino específicas, outros saberes, pesquisa e trabalho de conclusão de curso e atividades complementares.

A amostra de 71 cursos presenciais de Pedagogia distribuídos no país (Gatti et al., 2010), em relação a conteúdos da Educação Infantil nos currículos, revela que esses figuram em poucas instituições, 5,3%. O estudo aponta a reduzida oferta destes conteúdos também como disciplinas optativas (p.103). Em relação à Educação Infantil, o texto afirma que:

> Também observa-se que nas ementas não se detecta a presença de elementos voltados para as práticas docentes propriamente ditas como uma construção integrada a conhecimentos de fundo. As poucas ementas revelam, antes de tudo, maior preocupação com o oferecimento de teorias sociológicas ou psicológicas, e questões de história para a contextualização da criança, da infância, o que é relevante, porém nota-se a ausência do tratamento de práticas pedagógicas pertinentes ao trabalho com crianças pequenas, em suas diferentes fases de desenvolvimento (p. 105).

Recorrendo, como parâmetro, às DCNP de 2006, os autores argumentam que os "conteúdos desenvolvidos durante o curso devem ser estudados em uma vertente prática, aliada a seus fundamentos, para que se construam competências de aplicabilidade" (p.105). Sobre os estágios, o estudo considera a variabilidade da oferta, ressaltando que "não há especificação clara sobre como são realizados, supervisionados e acompanhados" (p.106). Em síntese final, destaca-se a não adequação dos currículos à formação docente, no que diz respeito ao desenvolvimento de habilidades profissionais específicas.

A análise de Gatti et al. (2010) constata propostas curriculares fragmentadas, ou pouco integradas, nas quais a relação teoria-prática parece insuficiente, ou pouco presente. Sugere que os cursos de Pedagogia analisados teriam um predomínio teórico-discursivo em detrimento das aplicações práticas do conhecimento oferecido pelo conjunto de disciplinas.

Em consonância com a pesquisa de Gatti et al., o Conselho Estadual de Educação (CEE) de São Paulo avalia como insuficiente a carga horária para atividades práticas e, por meio das Deliberações ns. 111/2012 e 126/2014, do Conselho Estadual de Educação de São Paulo, que fixam Diretrizes Curriculares Complementares para a Formação de Docentes para a Educação Básica nos Cursos de Graduação de Pedagogia, Normal Superior e Licenciaturas, oferecidos pelos estabelecimentos de ensino superior vinculados ao sistema estadual, determina que currículos de licenciatura devam ter ao menos 30% da carga horária destinada a atividades didático-pedagógicas.

Retomando a Educação Infantil, parece pertinente perguntar (1) Quais seriam as habilidades profissionais específicas da docência? e (2) Quais seriam as relações teoria-prática mais adequadas a este campo de conhecimento? Estas não são questões às quais se responde com facilidade. Abrindo a discussão da primeira questão, poder-se-ia relacionar habilidades profissionais específicas com práticas pedagógicas cujos eixos norteadores são a interação e a brincadeira (DCNEI, Art. 9º). Estudos e experiências nacionais e internacionais dizem que a educação de crianças pequenas é uma "questão de tomada de decisão, uma cadeia de múltiplas, pequenas, insignificantes e até altamente importantes decisões" (Vandenbroeck, 2012, p. 18). Para Fortunati (2009, p. 35), "os adultos têm responsabilidade sobre o acompanhamento e a segurança nas relações estabelecidas, reconhecendo as potencialidades de meninos e meninas e as oportunidades postas à sua disposição". Essa consideração faz pensar que nem todos conteúdos desenvolvidos durante o curso podem ser estudados em uma vertente prática e nem é desejável que o sejam. Conteúdos da Filosofia, da História, da Sociologia da Educação são importantes, *per si*, nesta formação.

Perrenoud, em 1997, já apontava as *microdecisões* tomadas à medida que situações vão acontecendo durante a realização de uma atividade. Tomar decisões demanda compreender a educação e o *porquê* se faz, além do *como* se faz. Cabe também considerar que as chamadas *metodologias*, recursos para compreensão das práticas, muitas vezes foram transformadas em técnicas[18] para uma suposta transmissão de conhecimentos escolares, nas diferentes licenciaturas. Certamente as relações teoria-prática não se resolvem nos conteúdos dos cursos de Pedagogia — as concepções, sim —, mas nos projetos de estágio estabelecidos em sincronia com as aulas, o que talvez indique respostas para a segunda questão. Em relação ao estágio, o CEE pretende que 50% seja realizado nas escolas.

A deliberação mais recente, embora tenha retificado a nomenclatura que refere à Educação Infantil, anteriormente indicada como *pré-escola*, exclui a formação de professoras de creche, determinando que esta será objeto de legislação específica[19]. Se, por um lado, essa decisão pode ser coerente com a determinação da Lei n. 12.796/2013, que inicia a obrigatoriedade da educação aos 4 anos de idade, por outro, a medida fragmenta a Educação Infantil, pois exclui as crianças de 0 a 3 anos, e abala a concepção de creche como espaço legítimo de educação e cuidado da criança pequena, fraturando a elaboração de uma identidade comum, de nível de educação. Cabe lembrar "a relutância persistente, de certos setores, em integrar crianças de 0 a 3 anos nas políticas públicas de educação ao considerar o espaço privado, e não o público, como o mais adequado para elas" (Rosemberg, 2010, p. 173).

---

18. A ênfase nas metodologias contribui para supervalorização do "como" fazer em detrimento do "por que" fazer. Em relação à Educação Infantil, pode-se dizer que, quando o objetivo é "trabalhar o lúdico", parece haver uma preocupação maior em definir — e aplicar — brincadeiras que contribuam para determinada aprendizagem/aspecto do desenvolvimento, do que de compreender o que as crianças articulam entre si quando estão brincando e, portanto, aprendendo.

19. "Considerando a complexidade do desenvolvimento infantil de zero a dez anos, a Anfope tem defendido que a formação, no exercício do trabalho, dos professores que atuam na Educação Infantil e séries iniciais se dê em cursos de pedagogia e não em cursos e programas especiais. Igualmente tem se posicionado de forma contrária à formação dos profissionais que atuam na educação infantil (creches) em outros espaços que não os cursos superiores de pedagogia" (Freitas, 2014, p. 434).

A determinação de colocar à parte a formação de professoras de parte da Educação Infantil parece colocar-se ao contrário tanto das DCNEI quanto das DCNP. Caberia indagar, considerando a complexidade da infância e os estudos realizados por vários campos de conhecimento, onde aprender a trabalhar com os bebês e as crianças pequenas com intencionalidade pedagógica? A literatura internacional compreende que é em cursos de formação de professores que se aprende a trabalhar com crianças de diferentes idades. Boas escolas de Educação Infantil têm desenvolvido excelentes projetos com crianças bem pequenas[20]. Destaque-se que, em 1999, Campos (p. 127) afirmava que o

> conhecimento que existe sobre essa etapa do desenvolvimento humano — e mais recentemente, sobre como as crianças pequenas se desenvolvem em ambientes coletivos de acolhimento e educação — tem sido, na maioria dos países, um dos pressupostos básicos para a formulação de propostas pedagógicas para essa faixa etária e para o delineamento da formação prévia e em serviço dos profissionais que trabalham nas creches e nas pré-escolas.

Não se poderia considerar insuficiente estudar apenas parte da Educação Infantil? Deve-se privar os/as estudantes de Pedagogia do conhecimento dos processos de aprendizagem dos bebês em espaços coletivos? Das práticas de acolhimento, educação e cuidado? De estágios em grupos de crianças bem pequenas? Certamente não, com base nas DCNEI ou nas DCNP.

Refletindo sobre a formação do professor de Educação Infantil nos cursos de Pedagogia

Para finalizar, parece pertinente reconhecer que o dado oferecido pelo censo de 2013, de que 61,7% das professoras que atuam em

---

20. Além de publicações do norte da Itália e de Barcelona, ver Moss e Petrie, 2002; Moss, 2009, 2011; Mello et al., 2010; Rossetti Ferreira et al., 1998.

creche e 64,9% das que atuam na pré-escola têm o ensino superior, trata-se de uma conquista para a Educação Infantil, principalmente se se considerar a situação das profissionais de creche no final da década de 1990. Poder-se-ia relativizar a porcentagem argumentando que se refere a creches cadastradas no INEP e que provavelmente há muitas instituições, digamos, clandestinas trabalhando com as crianças pequenas. Essa argumentação, contudo, reforça a importância da oferta da formação inicial em cursos de Pedagogia para profissionais da Educação Infantil como um todo e não só para parte dela.

Pode-se considerar que muitas professoras da educação básica estão matriculadas no ensino à distância, 119.181, de acordo com o censo de 2013, ou que há um número muito maior de matrículas no ensino superior privado, 152.508, do que no público. Essas duas características podem ser relacionadas ao pouco tempo disponível para frequentar *bancos de escola* ou à expansão dos cursos de Pedagogia em instituições privadas, às vezes pouco preocupadas com a qualidade de seus cursos.

Trata-se aqui de recuperar a imagem do copo preenchido com água até a metade. Pode ser considerado semivazio ou semicheio, de acordo com a perspectiva de quem analisa. Nestas considerações finais, admito que prefiro conceber o copo como semicheio. Como apontei em outro texto (Nascimento, 2013a, p. 164), a conquista representada pelo reconhecimento da Educação Infantil como primeira etapa da educação básica trouxe consigo variadas tensões: "A identidade da Educação Infantil, que a singulariza como etapa da educação nacional [...] vê-se às voltas com seu entendimento como 'um recinto onde a tecnologia pode ser aplicada para produzir resultados pré-determinados (a metáfora é a fábrica)' (Moss, 2009, p. 418)". Entretanto, reconhece-se uma "revolução cultural e social na sociedade e no sistema educacional brasileiros" (Rosemberg, 2010, p. 173). A formação de professoras na linha do que se preconiza nas DCNP significa, como apontei anteriormente, que

> quanto mais bem formados e valorizados os profissionais, maior a oportunidade de desenvolvimento de um trabalho mais adequado com

as crianças pequenas. Ainda que instituições ou municípios insistam em manter creches para algumas crianças em detrimento ao direito de todas, ou que revelem que acreditam que, para trabalhar com crianças pequenas, basta boa-vontade, amor, enfim, que não há necessidade de formação, a legislação indica a formação inicial como condição para o trabalho, ao que se pode acrescentar a formação continuada como critério para o reconhecimento e valorização profissional (Nascimento, 2013b).

Certamente, como indicam Gatti et al., há ainda muitos problemas nos cursos de Pedagogia espalhados pelo país. Pesquisas e suas análises adquirem um papel imprescindível por oferecerem elementos para alteração do que não está adequado. Cabe localizar também o que tem dado certo e destacar como qualidade da formação pedagógica. Esse também parece um movimento revolucionário: reconhecer, valorizar e, sobretudo, divulgar o que tem dado certo.

Referências

AGUIAR, M. A. S.; BRZEZINSKI, I.; FREITAS, H. C. L.; SILVA, M. S. P.; PINO, I. R. Diretrizes curriculares do curso de pedagogia no Brasil: disputas de projetos no campo da formação do profissional da educação. *Educação & Sociedade*, v. 27, n. 96, p. 819-842, 2006.

BARBOSA, M. C. S. Culturas escolares, culturas de infância e culturas familiares: as socializações e a escolarização no entretecer destas culturas. *Educação & Sociedade*, v. 28 n. 100, p. 1059-1083, 2007.

BARRETO, A. M. R. Situação atual da Educação Infantil no Brasil. In: BRASIL. Ministério da Educação. *Subsídios para Credenciamento e Funcionamento de Instituições de Educação Infantil*. Brasília: MEC/SEF/DPE/COEDI, p. 23-31, 1998.

BARRETO, A. M. R. Por que e para que uma política de formação do profissional de educação infantil? In: BRASIL. Ministério da Educação. *Por uma política de formação do profissional de Educação Infantil*. Brasília: MEC/SEF/DPE/COEDI, 1994. p. 3-6.

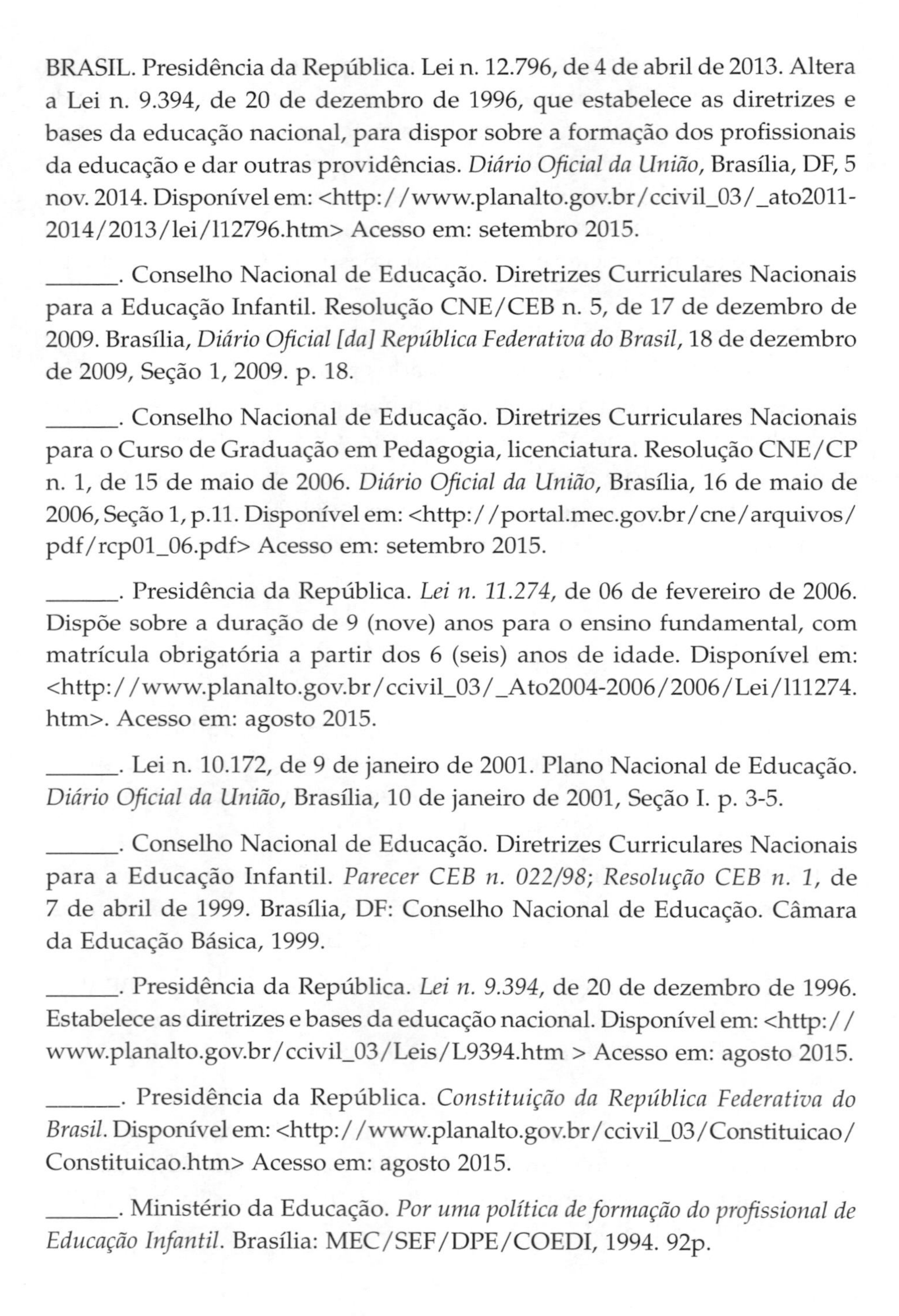

BRASIL. Presidência da República. Lei n. 12.796, de 4 de abril de 2013. Altera a Lei n. 9.394, de 20 de dezembro de 1996, que estabelece as diretrizes e bases da educação nacional, para dispor sobre a formação dos profissionais da educação e dar outras providências. *Diário Oficial da União*, Brasília, DF, 5 nov. 2014. Disponível em: <http://www.planalto.gov.br/ccivil_03/_ato2011-2014/2013/lei/l12796.htm> Acesso em: setembro 2015.

______. Conselho Nacional de Educação. Diretrizes Curriculares Nacionais para a Educação Infantil. Resolução CNE/CEB n. 5, de 17 de dezembro de 2009. Brasília, *Diário Oficial [da] República Federativa do Brasil*, 18 de dezembro de 2009, Seção 1, 2009. p. 18.

______. Conselho Nacional de Educação. Diretrizes Curriculares Nacionais para o Curso de Graduação em Pedagogia, licenciatura. Resolução CNE/CP n. 1, de 15 de maio de 2006. *Diário Oficial da União*, Brasília, 16 de maio de 2006, Seção 1, p.11. Disponível em: <http://portal.mec.gov.br/cne/arquivos/pdf/rcp01_06.pdf> Acesso em: setembro 2015.

______. Presidência da República. *Lei n. 11.274*, de 06 de fevereiro de 2006. Dispõe sobre a duração de 9 (nove) anos para o ensino fundamental, com matrícula obrigatória a partir dos 6 (seis) anos de idade. Disponível em: <http://www.planalto.gov.br/ccivil_03/_Ato2004-2006/2006/Lei/l11274.htm>. Acesso em: agosto 2015.

______. Lei n. 10.172, de 9 de janeiro de 2001. Plano Nacional de Educação. *Diário Oficial da União*, Brasília, 10 de janeiro de 2001, Seção I. p. 3-5.

______. Conselho Nacional de Educação. Diretrizes Curriculares Nacionais para a Educação Infantil. *Parecer CEB n. 022/98*; *Resolução CEB n. 1*, de 7 de abril de 1999. Brasília, DF: Conselho Nacional de Educação. Câmara da Educação Básica, 1999.

______. Presidência da República. *Lei n. 9.394*, de 20 de dezembro de 1996. Estabelece as diretrizes e bases da educação nacional. Disponível em: <http://www.planalto.gov.br/ccivil_03/Leis/L9394.htm > Acesso em: agosto 2015.

______. Presidência da República. *Constituição da República Federativa do Brasil*. Disponível em: <http://www.planalto.gov.br/ccivil_03/Constituicao/Constituicao.htm> Acesso em: agosto 2015.

______. Ministério da Educação. *Por uma política de formação do profissional de Educação Infantil*. Brasília: MEC/SEF/DPE/COEDI, 1994. 92p.

CAMPOS, M. M. A formação de professores para crianças de 0 a 10 anos: modelos em debate. *Educação & Sociedade*, n. 68, p. 126-142, 1999.

CIVILETTI, M. V. P. O cuidado às crianças pequenas no Brasil escravista. *Cadernos de Pesquisa*, n. 76, p. 31-40, 1991.

CURY, C. R. J. A Educação Infantil como Direito. *Subsídios para Credenciamento e Funcionamento de Instituições de Educação Infantil*. Brasília: MEC/SEF/DPE/COEDI, 1998. p. 9-15.

DOURADO, L. F. A formação de professores e a base comum nacional: questões e proposições para o debate. *Revista Brasileira de Política e Administração da Educação RBPAE*, v. 29, n. 2, p. 367-388, maio-ago. 2013.

FARIA, A. L. G. A contribuição dos parques infantis de Mário de Andrade para a construção de uma pedagogia da educação infantil. *Educação e Sociedade*, v. 20, n. 69, p. 60-91, dez. 1999.

FORMAÇÃO de Profissionais da Educação: Políticas e Tendências. *Educação & Sociedade*, v. 20, n. 68, dez. 1999.

FORTUNATI, A. *A Educação Infantil como projeto da comunidade*. Porto Alegre: Artmed, 2009.

FREITAS, H. C. L. PNE e formação de professores: contradições e desafios. Revista *Retratos da Escola*, Brasília, v. 8, n. 15, p. 427-446, jul.-dez. 2014.

FREITAS, M. C. Prefácio. O coletivo infantil: o sentido da forma. In: FARIA, A. L. G. (Org.). *O coletivo infantil em creches e pré-escolas*: falares e saberes. São Paulo: Cortez, 2007. p. 7-13.

GATTI, B. A.; NUNES, M. M. R.; GIMENES, N. A. S.; TARTUCE, G. L. B. P.; UNBEHAUM, S. G. Formação de professores para o ensino fundamental: instituições formadoras e seus currículos. *Estudos e Pesquisas Educacionais*, São Paulo, Fundação Victor Civita, n. 1, p. 95-138, 2010.

KRAMER, S. *A política do pré-escolar no Brasil:* a arte do disfarce. 5. ed. São Paulo: Cortez, 1995.

KUHLMANN JR., M. A circulação das ideias sobre a educação das crianças; Brasil, início do século XX. In: FREITAS, M. C.; KUHLMANN JR., M. (Org.). *Os intelectuais na história da infância*. São Paulo: Cortez, 2002. p. 459-503.

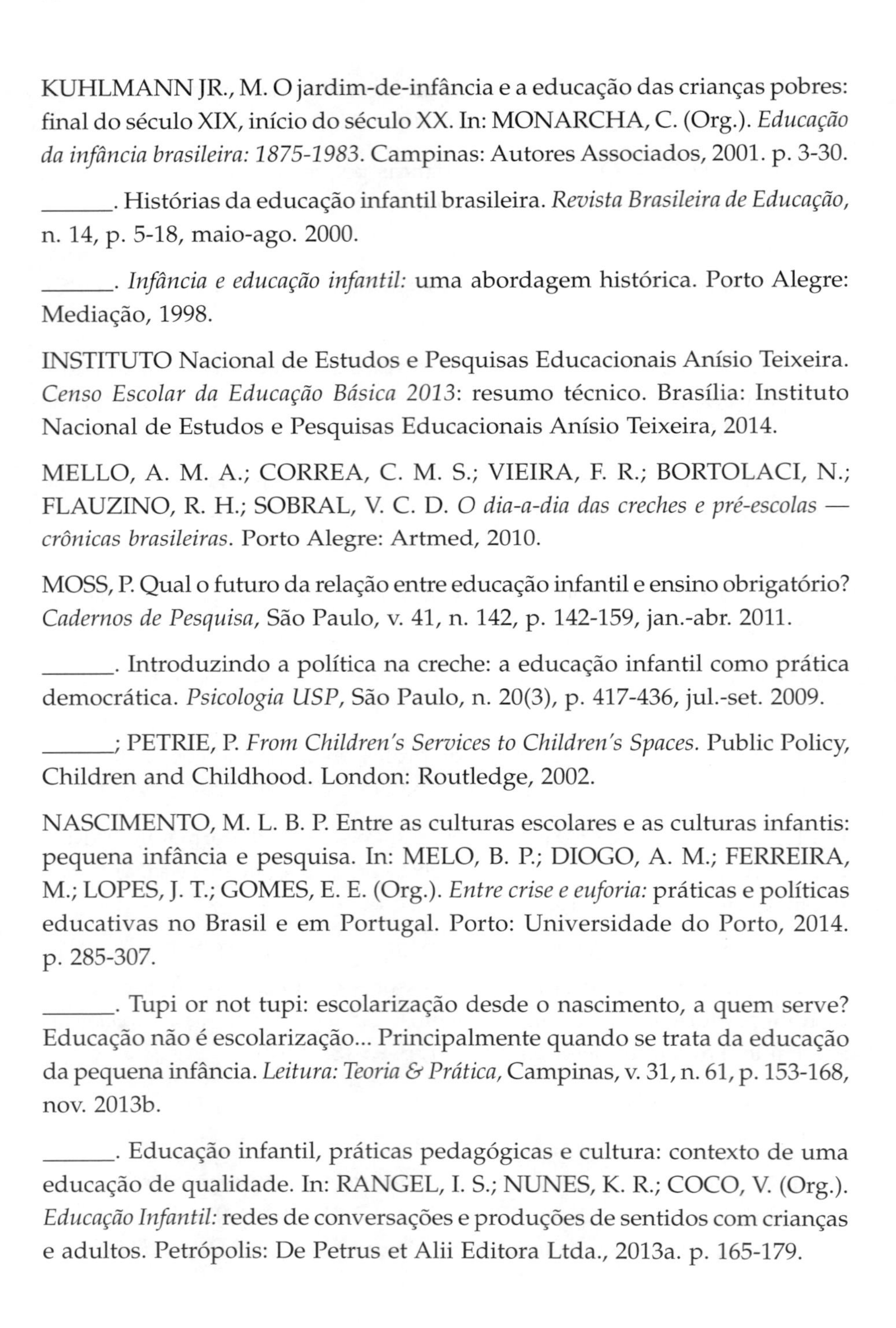

KUHLMANN JR., M. O jardim-de-infância e a educação das crianças pobres: final do século XIX, início do século XX. In: MONARCHA, C. (Org.). *Educação da infância brasileira: 1875-1983*. Campinas: Autores Associados, 2001. p. 3-30.

______. Histórias da educação infantil brasileira. *Revista Brasileira de Educação*, n. 14, p. 5-18, maio-ago. 2000.

______. *Infância e educação infantil:* uma abordagem histórica. Porto Alegre: Mediação, 1998.

INSTITUTO Nacional de Estudos e Pesquisas Educacionais Anísio Teixeira. *Censo Escolar da Educação Básica 2013*: resumo técnico. Brasília: Instituto Nacional de Estudos e Pesquisas Educacionais Anísio Teixeira, 2014.

MELLO, A. M. A.; CORREA, C. M. S.; VIEIRA, F. R.; BORTOLACI, N.; FLAUZINO, R. H.; SOBRAL, V. C. D. *O dia-a-dia das creches e pré-escolas — crônicas brasileiras*. Porto Alegre: Artmed, 2010.

MOSS, P. Qual o futuro da relação entre educação infantil e ensino obrigatório? *Cadernos de Pesquisa*, São Paulo, v. 41, n. 142, p. 142-159, jan.-abr. 2011.

______. Introduzindo a política na creche: a educação infantil como prática democrática. *Psicologia USP*, São Paulo, n. 20(3), p. 417-436, jul.-set. 2009.

______; PETRIE, P. *From Children's Services to Children's Spaces*. Public Policy, Children and Childhood. London: Routledge, 2002.

NASCIMENTO, M. L. B. P. Entre as culturas escolares e as culturas infantis: pequena infância e pesquisa. In: MELO, B. P.; DIOGO, A. M.; FERREIRA, M.; LOPES, J. T.; GOMES, E. E. (Org.). *Entre crise e euforia:* práticas e políticas educativas no Brasil e em Portugal. Porto: Universidade do Porto, 2014. p. 285-307.

______. Tupi or not tupi: escolarização desde o nascimento, a quem serve? Educação não é escolarização... Principalmente quando se trata da educação da pequena infância. *Leitura: Teoria & Prática*, Campinas, v. 31, n. 61, p. 153-168, nov. 2013b.

______. Educação infantil, práticas pedagógicas e cultura: contexto de uma educação de qualidade. In: RANGEL, I. S.; NUNES, K. R.; COCO, V. (Org.). *Educação Infantil:* redes de conversações e produções de sentidos com crianças e adultos. Petrópolis: De Petrus et Alii Editora Ltda., 2013a. p. 165-179.

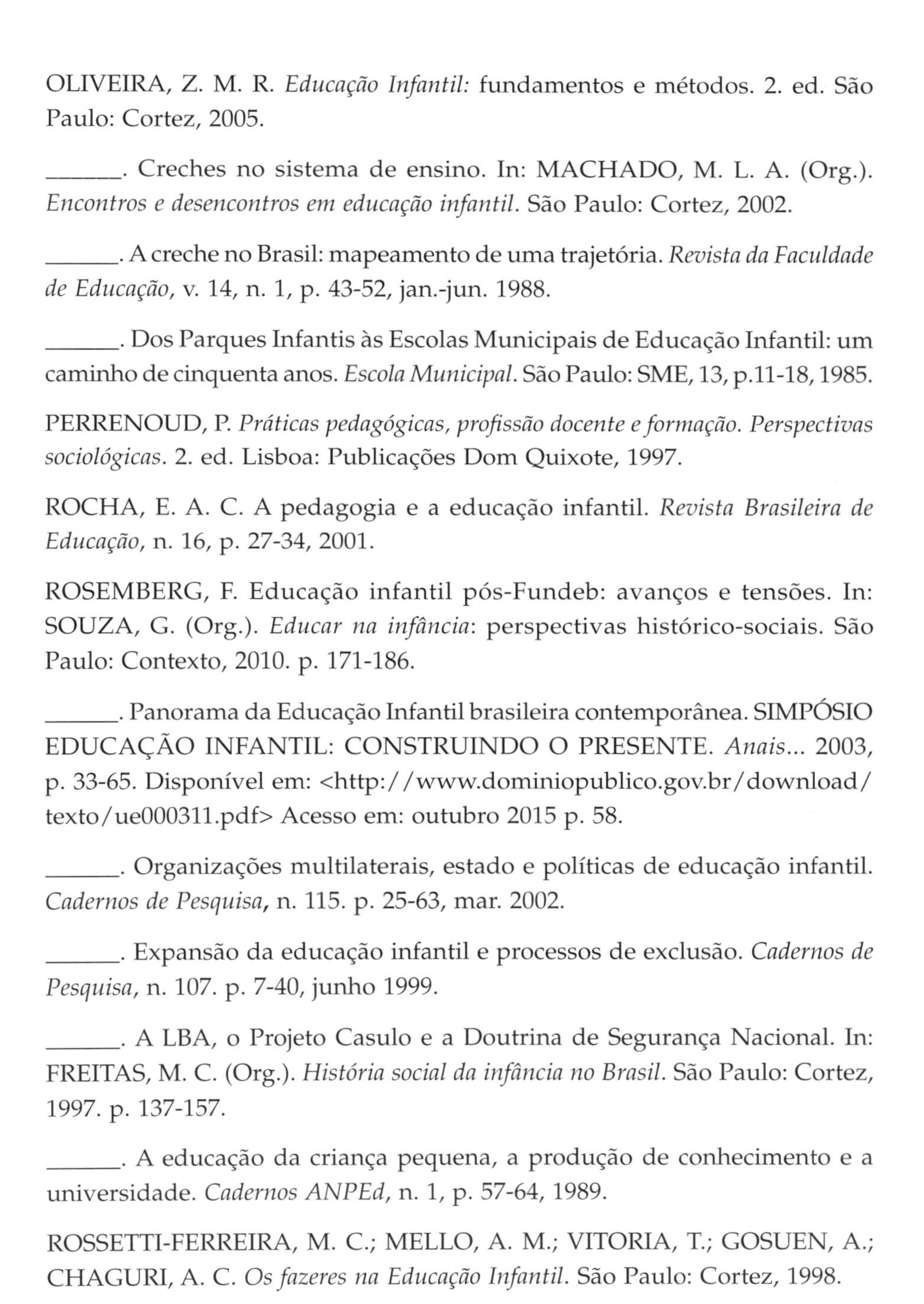

OLIVEIRA, Z. M. R. *Educação Infantil:* fundamentos e métodos. 2. ed. São Paulo: Cortez, 2005.

______. Creches no sistema de ensino. In: MACHADO, M. L. A. (Org.). *Encontros e desencontros em educação infantil*. São Paulo: Cortez, 2002.

______. A creche no Brasil: mapeamento de uma trajetória. *Revista da Faculdade de Educação*, v. 14, n. 1, p. 43-52, jan.-jun. 1988.

______. Dos Parques Infantis às Escolas Municipais de Educação Infantil: um caminho de cinquenta anos. *Escola Municipal*. São Paulo: SME, 13, p.11-18, 1985.

PERRENOUD, P. *Práticas pedagógicas, profissão docente e formação. Perspectivas sociológicas*. 2. ed. Lisboa: Publicações Dom Quixote, 1997.

ROCHA, E. A. C. A pedagogia e a educação infantil. *Revista Brasileira de Educação*, n. 16, p. 27-34, 2001.

ROSEMBERG, F. Educação infantil pós-Fundeb: avanços e tensões. In: SOUZA, G. (Org.). *Educar na infância*: perspectivas histórico-sociais. São Paulo: Contexto, 2010. p. 171-186.

______. Panorama da Educação Infantil brasileira contemporânea. SIMPÓSIO EDUCAÇÃO INFANTIL: CONSTRUINDO O PRESENTE. *Anais*... 2003, p. 33-65. Disponível em: <http://www.dominiopublico.gov.br/download/texto/ue000311.pdf> Acesso em: outubro 2015 p. 58.

______. Organizações multilaterais, estado e políticas de educação infantil. *Cadernos de Pesquisa*, n. 115. p. 25-63, mar. 2002.

______. Expansão da educação infantil e processos de exclusão. *Cadernos de Pesquisa*, n. 107. p. 7-40, junho 1999.

______. A LBA, o Projeto Casulo e a Doutrina de Segurança Nacional. In: FREITAS, M. C. (Org.). *História social da infância no Brasil*. São Paulo: Cortez, 1997. p. 137-157.

______. A educação da criança pequena, a produção de conhecimento e a universidade. *Cadernos ANPEd*, n. 1, p. 57-64, 1989.

ROSSETTI-FERREIRA, M. C.; MELLO, A. M.; VITORIA, T.; GOSUEN, A.; CHAGURI, A. C. *Os fazeres na Educação Infantil*. São Paulo: Cortez, 1998.

SCHEIBE, L. Diretrizes Curriculares para o Curso de Pedagogia: trajetória longa e inconclusa. *Cadernos de Pesquisa*, v. 37, n. 130, p. 43-62, jan.-abr. 2007.

SÃO PAULO. Conselho Estadual de Educação. Deliberação CEE n. 126/2014. *Diário Oficial*. Poder Executivo — Seção I São Paulo, 124 (110) — 21. Disponível em: <http://www.fct.unesp.br/Home/Graduacao/Pedagogia/deliberacoes-cee-111-de-2012-e-126-de-2014.pdf> Acesso em: outubro 2015.

______. Conselho Estadual de Educação. Deliberação CEE 111/2012. Disponível em: <http://www.fct.unesp.br/Home/Graduacao/Pedagogia/deliberacoes-cee-111-de-2012-e-126-de-2014.pdf> Acesso em: outubro 2015.

SILVA, I. O. *Educação Infantil no coração da cidade*. São Paulo: Cortez, 2008.

VANDENBROECK, M. Vamos discordar. Trad. Tatiane Cosentino Rodrigues. *Revista Eletrônica de Educação*. São Carlos, SP: UFSCar, v. 3, n. 2, p. 13-22, nov. 2009. Disponível em: <http://www.reveduc.ufscar.br> Acesso em: agosto 2012.

CAPÍTULO 4

Formação dos Gestores Escolares: dos encontros e desencontros nos cursos de Pedagogia

Alexandre de Paula Franco

1. Introdução

Desde o final da década de 1930, quando foi criado o curso de Pedagogia no Brasil, de forma mais sistematizada e institucional, perdura o dilema de como a formação dos gestores escolares seria organizada. Dentre esses impasses, poderíamos mencionar (a) qual seria sua finalidade aos egressos; (b) a que público o curso seria destinado; (c) quais objetivos deveriam ser priorizados; e (d) se a atuação dos profissionais se daria na escola ou nas instâncias centrais de controle dessa instituição.

Partindo desse contexto, o artigo em questão[1] discute o movimento histórico de como seriam formados aqueles responsáveis pelas atividades de coordenação do trabalho na escola no curso de

1. Capítulo fruto de pesquisa de Doutoramento realizada na Faculdade de Educação da Universidade de São Paulo — FEUSP, sob orientação da Profa. Dra. Maria Isabel de Almeida, concluída em 2014.

Pedagogia, que inicialmente ocorre pela "formação dos técnicos" em Educação; posteriormente pelos "chamados especialistas" em Educação; e, mais recentemente, "gestores escolares", envolvendo os profissionais responsáveis pelas atividades previstas no artigo 64 da Lei n. 9.394/96.

Nessa perspectiva, será apresentado um breve histórico do curso de Pedagogia, focando a abordagem atribuída à formação dos especialistas; em seguida, serão demonstradas as características dos cursos de Pedagogia que integraram a pesquisa, e finalmente, o modo de tratamento dessa formação trazido pelo curso, demonstrando tendências que predominam quando abordamos a formação dos gestores.

Assim, este capítulo apresentará elementos que demonstram a maneira proposta para a formação dos gestores escolares nos cursos de Pedagogia, decorrente das Diretrizes Curriculares Nacionais do Curso (2006), e se essa corrobora a perspectiva propositiva de atuação na escola.

O intuito principal foi investigarmos em que medida os atuais cursos de Pedagogia conferem condições e elementos curriculares para a formação desses profissionais, no sentido de subsidiá-los para a atuação da melhoria institucional, na profissionalização de outros sujeitos e na qualidade dos resultados alcançados pela escola pública, principalmente, em razão do avanço do Projeto Político-pedagógico da escola (PPP).

2. Os cursos de Pedagogia e a formação dos especialistas em Educação nas últimas décadas

Inserida em um contexto nacional de mudanças políticas, transformações na sociedade e consequentemente exigências educativas, a década de 1980 exigia um profundo debate sobre o sentido dos cursos de Pedagogia, principalmente pela indefinição do caminho formativo que seria adotado, ainda marcado por inúmeros dilemas decorrentes da condição de conflito e ambiguidade de concepções, que até então marcava tal curso.

É no final dessa década, mais especificamente em 1988, que a nova Constituição Federal demarcaria atribuições e responsabilidades relacionadas aos sistemas educacionais, incidindo, portanto, naqueles responsáveis pela sua organização e funcionamento cotidiano, sobretudo nos princípios de acesso, permanência e qualidade, sob a premissa da colaboratividade dos entes federados.

Todavia, apenas em 1996, com a edição da Lei de Diretrizes e Bases da Educação Nacional (LDB), que se indicou qual seria o tratamento para a formação dos profissionais da Educação, especificamente no capítulo VI da LDB. Assim, denunciava-se a emergência de uma definição mais clara para a matéria e a concepção ideológica que orientaria a formação daqueles que passariam a ser chamados de profissionais responsáveis pelos processos de gestão educacional, ao invés de especialista em Educação como ocorria até essa época, conforme disposto no artigo 64 da Lei n. 9.394/96.

O fato de se prever, no referido artigo 64, que a formação dos profissionais da Educação também se daria em cursos de Pós-graduação demonstrava uma desarmonia com o propósito de que essa formação também ocorresse nos cursos de Pedagogia, o que trouxe novamente as críticas que ocorriam em décadas anteriores para os anos de 1990 e os anos que a sucederiam, como apontado por Saviani (2008).

Pesquisadores associados a ANFOPE, FORUMDIR e ANPAE defendiam que se os especialistas atuassem como pedagogos, esses deveriam ter a escola como principal local de trabalho, portanto, deveriam conhecer seus contextos, suas lutas e contradições, e a produção de valores, e o lócus para abordar tais conhecimentos seria a Pedagogia.

Críticas severas a essa organização curricular passariam a ser feitas desde a edição da LDB de 1996 e, posteriormente, após a resolução CNE CP n. 1/2006 por Pimenta (2001), Freitas (2002), Brzezinski (2002) e Libâneo (2004). Esses destacavam o equívoco da valorização excessiva dos processos de certificação, preterindo-se uma melhor qualificação e enfatizando-se principalmente a lógica do desenvolvimento das capacidades mais laborais do que as intelectuais, políticas e científicas.

A Lei de Diretrizes e Bases da Educação de 1996, ao prever em seus artigos 62 e 63, que a formação dos professores não se daria apenas em cursos de graduação, mas também em institutos superiores de Educação, cuja obrigatoriedade de pesquisa inexiste, assim como pelo fato de os especialistas poderem ser formados em cursos de Pós-graduação, acenou para o risco da extinção progressiva dos cursos de Pedagogia, que, a rigor, localizavam-se num intenso embaraço de sentido e significado de tal formação.

Em meados de 1999 foi encaminhada ao Ministério da Educação, pela comissão de especialistas do curso de Pedagogia, uma proposta de diretrizes curriculares para o referido curso. Ela indicava alguns eixos norteadores de uma base nacional comum, ou seja, sólida formação teórica; unidade entre a teoria e a prática; gestão democrática; compromisso crítico baseado no trabalho coletivo e interdisciplinar; e a garantia de formação inicial e contínua aos egressos e demais profissionais, nesse caso, pedagogos.

Essa Resolução foi seguida de derradeira expropriação de sentido e marcada por publicações consideradas ambíguas, culminando no Parecer CNE CP n. 09/01, que sugeriu o deslocamento da formação de docentes para a Educação Infantil e para os anos iniciais do Ensino Fundamental dos cursos de Pedagogia para os Institutos Superiores de Educação.

Silva (2006) denominou a década de 1990 como um "período de decretos"[2] por edição do dispositivo n. 3.276/99, que destinava à

---

2. A fase da construção da identidade do curso de Pedagogia, que Silva denomina "período dos decretos" estava sob o comando do Ministro da Educação Paulo Renato de Souza, na gestão Fernando Henrique Cardoso, tendo, como algumas das políticas educacionais vinculadas ao tema, a implantação dos ISE, o esvaziamento do sentido do curso de Pedagogia, a redução significativa de investimentos na educação superior pública, a valorização de alternativa para a aceleração da formação de professores, dentre outras. Outro exemplo notável foi o Decreto n. 3.554/2000, que para reparar o estrago do decreto sobre os Institutos Superiores de Educação, que previa a formação "exclusiva" de professores nessas instituições, substituiu a expressão por "preferencialmente".

Pedagogia a formação de pedagogos não docentes, intencionando-se dar sentido ao já alijados Institutos de Educação.

No ano de 2001, um grupo de educadores que compunha a Comissão de Especialistas em Educação, constituída pelo Conselho Nacional, apresentou a esse colegiado uma proposta de diretrizes curriculares para o curso de Pedagogia, que, tendo como base a docência, incorporaria também a formação do pedagogo para atividades não docentes, ainda que tal proposta enfatizasse a docência, com prioridade para a instrumentalização metodológica.

Poucos esforços por parte do Conselho Nacional de Educação eram visíveis na direção de dar distinção ao curso de Pedagogia, o que fica claro com a aprovação do parecer CNE CP n. 09/01[3], que trouxe as diretrizes para a formação inicial de professores da educação básica em nível superior, enfatizando a prática profissional e a criação de outras alternativas para a formação dos professores, quase que se eximindo de referência ao curso de Pedagogia, uma certa diluição velada.

Novamente, em 2004, a ANFOPE elaborou um documento, questionando o Conselho Nacional de Educação sobre a descaracterização do curso de Pedagogia. Nesse sentido, concordamos com a análise proposta por Assis (2007) ao afirmar que essa situação gerava uma expressiva dicotomização da formação dos profissionais da Educação, ou seja, de certa forma, deixava de ter um lócus acadêmico-científico privilegiado, o que deveria ser investido nos cursos de Pedagogia. Segundo a pesquisadora:

> A característica maior que a educação tem priorizado hoje em dia, que é a do diálogo entre várias áreas do conhecimento, não condiz com a exigência formativa especializada, aliás, vai de encontro com ela, pois

---

3. Na ocasião, o parecer fora aprovado pelo Conselho Pleno, tendo sido seus relatores os conselheiros Edla de Araújo Lira Soares, Éfrem de Aguiar Maranhão, Eunice Ribeiro Durham, Guiomar Namo de Mello, Nelio Marco Vincenzo Bizzo, Raquel Figueiredo Alessandri Teixeira (Relatora) e Silke Weber (Presidente).

como cobrar o reconhecimento da existência e possibilidade de se trabalhar com trans/inter/multidisciplinaridade, se a própria formação do professor ainda é compartimentada, cartesiana (Assis, 2007, p. 107).

Com as sucessivas pressões das associações de pesquisadores e profissionais da Educação, frente à conflituosidade que marcava a "(des)identidade" do curso de Pedagogia, o Ministério da Educação publicou em 2005 a minuta da Resolução que traria as diretrizes curriculares para o curso.

Tal documento também fora intensamente criticado pelos colegiados e órgãos de representação dos profissionais da educação e pedagogos, pois permanecia com as intenções de esvaziamento do curso, que até então vinham sendo evocadas e, sobretudo, porque orientava o curso basicamente à formação docente.

Dessa feita, no mesmo ano, como consequência do VII Seminário Nacional sobre Formação de Profissionais da Educação, a ANFOPE, ANPED, FORUMDIR, CEDES e ANPAE publicaram um documento sobre os vários aspectos que refutavam a versão preliminar editada pelo Ministério, reforçando as críticas já feitas desde o final da década anterior e, ao mesmo tempo, enfatizavam o que julgavam condição *sine qua non* para a formação a ser prevista nas diretrizes.

Realizadas as análises pelo Conselho Nacional de Educação, diante da quase necessidade de acolher, ao menos parcialmente, as intensas críticas dos educadores, em dezembro de 2005 foi aprovado o Parecer CNE CP n. 05/05 que, mesmo incorporando sugestões dos segmentos citados anteriormente nessa apreciação preliminar do conselho, propunha que a formação dos especialistas fosse realizada em cursos de Pós-graduação.

Como virtude, o Parecer CNE CP n. 05/05[4] reconhecia a complexidade da formação dos pedagogos e os consequentes desafios,

4. Franco, Libâneo e Pimenta (2007) trataram com intensa propriedade os elementos formuladores que deveriam ser levados em consideração na elaboração das diretrizes curriculares do curso de Pedagogia, a partir de uma análise crítica.

como referência de exercício profissional mais alinhado às demandas educacionais e às reivindicações históricas sobre a necessidade de articulação curricular do curso de Pedagogia, inclusive não se restringindo apenas às atividades de docência.

Da polêmica gerada pelo Parecer CNE CP n. 05/05, fortaleceu-se a demanda de revisão desse, inclusive no tratamento do "lugar" para a formação dos profissionais ligados à gestão em Educação, culminando na revisão geradora do Parecer CNE CP n. 03/06[5]. Essa revisão retomou a importância de se fundamentar a formação a partir do princípio da integralidade da atuação profissional, tanto no campo da docência, quanto nas atividades relacionadas aos processos de gestão da educação, além daquelas atividades que exigem saberes pedagógicos.

Apesar de compactuarmos com a manifestação do Conselho Nacional da Educação, no que se refere à incorporação da formação dos demais profissionais do magistério ao curso de Pedagogia, decisão essa que de alguma forma reconheceu a condição própria e adequada do curso para se dedicar à profissionalização dos gestores escolares, o modo de pensar e propor a formação dos demais profissionais referidos no artigo 64 da Lei n. 9.394/96, como já citamos anteriormente, não seria solucionado por publicação legal, como também concluiu Vieira (2007).

Tornou-se temerário atribuir à Pedagogia todas as obrigações de formação superior inicial dos egressos, em diversos campos de ofício, sem estabelecer orientações curriculares que assegurassem tal formação, passando o curso a ser rondado, por uma possibilidade bastante forte, a se tornar uma licenciatura intensamente generalista.

---

5. Esse parecer, de autoria das conselheiras Clélia Brandão Alvarenga Claveiro e Petronilha Beatriz Oliveira Gonçalves e Silva, reafirma a perspectiva de ênfase na formação dos docentes no curso de Pedagogia, mas incorpora a importância do curso também prover os egressos de conhecimentos, saberes e instrumentos relacionados às atividades de gestão da educação, em diferentes campos de atuação.

Assim, pelo reexame apresentado no Parecer CNE CP n. 03/06, definiu-se que a Pedagogia deveria ser também o lócus de formação dos profissionais que atuariam nas atividades de planejamento, coordenação, administração, supervisão e assessoramento pedagógico. Todavia, na realidade, nem tudo seria de fato satisfatório posto que a própria identidade do curso se assentava exclusivamente na forma de licenciatura. Esse fato traria certas virtudes, no que se refere à compreensão pedagógica da formação, mas também promovia entraves relacionados ao tratamento metodológico e curricular que seria dado ao curso.

Restariam, pois, significativas arestas na versão final dos Pareceres CNE CP n. 05/05 e n. 03/06 do Conselho Nacional, que fundamentaram a Resolução CNE CP n. 01/06, determinando as Diretrizes Nacionais para o Curso de Pedagogia, pois embora tenha mantido algumas situações conflituosas no debate sobre o reconhecimento do pedagogo, estabelecendo a docência como base comum, apresentaram aspectos positivos para a identidade do pedagogo, a exemplo de não ser formado exclusivamente para a docência, o que Scheibe (2008) denomina de *movimentos inconclusos*.

Contudo, a mesma resolução, vigente até o presente momento, como diretriz para a organização dos cursos de Pedagogia, não apenas permaneceu preterindo a formação dos profissionais responsáveis pelas atividades de gestão dos processos educativos, como também não teve dispositivos complementares para tratar do assunto, o que implicou na permanência dessa lacuna formativa até os dias atuais.

3. Algumas características dos cursos analisados

Para que pudéssemos analisar as possibilidades formativas para os que vierem a desenvolver atividades de gestão na escola, a partir dos cursos de Pedagogia, nos detivemos a dois aspectos fundamentais:

o primeiro diz respeito ao estudo da constituição dos cursos de Pedagogia, especialmente às possibilidades apresentadas para a formação dos profissionais do magistério para as atividades de coordenação, planejamento, administração, supervisão e orientação educacional; e o segundo, acerca das contribuições possíveis dos cursos à formação desses profissionais, à construção da identidade dos gestores e ao desenvolvimento de sua profissionalidade na perspectiva do desenvolvimento profissional e institucional.

Selecionamos uma amostra diversificada de instituições em dois grupos de natureza institucional, sendo: 33 públicas e 97 privadas[6]. Dentre os 33 cursos do setor público, 69% deles são oferecidos por universidades federais e 31% por universidades estaduais. Com relação aos cursos oferecidos por instituições privadas, num total de 97 cursos, 63% são organizados em faculdades isoladas, 28% por universidades e 9% vinculados a centros universitários, entretanto, todos se encontravam normatizados pela Resolução CNE CP n. 01/06, de que já tratamos anteriormente.

Outro quesito de seleção de cursos foi a abrangência regional. Das 130 matrizes curriculares de cursos que compõem esta pesquisa, há a seguinte distribuição geográfica: 11% (14 cursos) se localizam no norte do país; 15% (19 cursos) são oferecidos nos estados da região nordeste; 10% (13 cursos) são ofertados na região centro-oeste; 17% (28 cursos) se referem a estados do sul do país e 47% (61 cursos) estão instalados nos estados da região sudeste, equitativamente de centros urbanos e de interior.

Dentre todos os 130 cursos, apenas 24% deles preveem situações de matrículas optativas no interior dos semestres ou anos, ou seja, disciplinas cujos alunos podem fortalecer, segundo suas escolhas, seu

6. Antecipamos que no grupo das Instituições de Ensino Superior privadas estão incluídas apenas seis cursos de instituições comunitárias e confessionais, motivo pelo qual julgamos desnecessária a criação de um terceiro grupo de análise, embora tais cursos tenham características qualitativas mais relevantes e, portanto, apresentam alguma diferenciação nos seus currículos e propostas de formação dos pedagogos, embora já sofram os efeitos que também incidem sobre as demais instituições de natureza privada de propriedade particular.

percurso formativo. Também do total de cursos, apenas 8% oferecem a possibilidade de que os futuros pedagogos cursem disciplinas optativas ou eletivas, que poderiam promover a aproximação com saberes ou áreas do conhecimento que também enfoquem a atuação do pedagogo como gestor escolar ou educacional.

Quanto à modulação dos 130 cursos analisados, 121 (93%) são organizados em semestres e os demais (9 cursos ou 7%), anualmente. Essa predominância de cursos semestrais demonstra situações que podem provocar conjunturas com reflexo ambíguo na formação. Se, por um lado, é possível que se dê ênfase a determinados aspectos da formação que se julga mais significativos em cada período de integralização, por outro, corre-se o risco de uma intensa fragmentação curricular que se materializa pela pulverização de inúmeras disciplinas.

Corre-se ainda o risco de que a modulação semestral do curso sirva para repetir, de forma velada, a organização de blocos formativos que quando muito, se bem estruturados, destinam-se ao atendimento das diferentes possibilidades de atuação do pedagogo, ou seja, blocos para a formação pedagógica geral, docência na Educação Infantil, docência no Ensino Fundamental, conhecimentos sobre administração escolar ou supervisão educacional prioritariamente, perpetuando a concepção de habilitações específicas, ora revogadas para o curso de Pedagogia, ou apenas a fragmentação de inúmeras disciplinas.

A Resolução CNE CP n. 01/06, no artigo 7º, estabeleceu o mínimo de 3.200 horas para a integralização do curso, sendo 300 (trezentas) horas para estágio supervisionado e 100 (cem) horas para atividades teórico-práticas; as demais horas, 2.800 (duas mil e oitocentas), seriam voltadas às atividades formativas, incorporando uma série de possibilidades de oferecimento de atividades que viriam a compor essas horas, o que, embora valorizasse o projeto pedagógico das instituições, também viabilizou o "enxugamento" dos cursos, inclusive pelo fato da citada resolução se omitir do período exigido para a integralização dessa graduação.

Corroborando essa afirmação, dos 130 cursos analisados, foram identificados 32 cursos (24%) estruturados em até 3 anos ou 6 semestres; 9 cursos (7%) estão organizados em 3 anos e meio, ou 7 semestres; enquanto que outros 82 cursos (63%) são organizados em períodos de até 4 anos ou 8 semestres, restando apenas 6% dos cursos (7) com propostas curriculares estendidas a mais de 4 anos ou 8 semestres[7], também estes predominantemente oferecidos por instituições públicas.

Há uma combinação que podemos considerar dramática, ou seja, a redução progressiva do tempo do curso, e a inserção de um número cada vez maior de "atividades complementares", em curso mais extensos, principalmente nas instituições privadas, as quais absorvem a maioria dos alunos do Ensino Superior.

A respeito dessas "atividades complementares" à formação do pedagogo, ainda que essa seja salutar à referência das diferentes experiências educativas ou das modalidades oferecidas, constatamos 34 (trinta e quatro) nomenclaturas que, embora se diferenciem em títulos, remetem-se às atividades complementares, muitas delas presentes em um único curso, o que torna a atividade complementar quase que uma "atividade fundamental" para a formação do pedagogo.

Em princípio, quando analisamos os dados de integralização dos cursos, paira uma tranquilidade pelo percentual de cursos com 4 anos ou mais; entretanto, essa é uma percepção apenas aparente, pois, ao separarmos as instituições por sua natureza pública ou privada, constatamos que enquanto nas públicas nenhum curso é oferecido em tempo menor ao de 4 anos, nas privadas, que são responsáveis pela formação da maioria dos profissionais da Pedagogia, 43% dos cursos ainda tinham menos de 4 anos, até 2012, com a tendência progressiva de expansão da condição para outras instituições privadas.

---

7. Quando Ministro da Educação, Fernando Haddad aprovou, com a edição da Portaria Ministerial n. 818, de 18 de junho de 2010, o Instrumento de Avaliação para Reconhecimento dos Cursos de Licenciatura em Pedagogia no âmbito do Sistema Nacional de Avaliação do Ensino Superior — SINAES, indicando como um dos requisitos mínimos para o curso o período de integralização de 4 (quatro) anos ou 8 (oito) semestres.

Pelo fato de todos os cursos analisados serem presenciais, possibilitou-nos coletar a situação em relação à carga horária semanal: 58% de cursos têm 20 horas de aulas semanais (76 cursos), enquanto cerca de 10% desses (13 cursos) têm cerca de 16 horas de aulas presenciais na estrutura curricular. Somente 3% dos cursos, ou seja, 4 cursos, se organizam com carga horária de aula menor do que 16 horas aulas semanais.

Quando tratamos da modalidade estágio supervisionado obrigatório para a Pedagogia, encontramos uma realidade que também demonstra fragilidades na organização curricular do curso, semelhantemente ao que demonstramos até agora. Seguindo a determinação legal, 69% dos cursos propõem que os estágios sejam realizados no campo da docência e de atividades de gestão. Todavia, as propostas de gestão estão concentradas nas atividades de administração, pois 14% dos cursos propõem estágio apenas no campo da docência, enquanto que 17% dos cursos exploram atividades de estágio tanto na docência, na gestão, assim como em outros campos de atuação do pedagogo.

Constata-se, portanto, que na grande maioria dos cursos, as atividades formativas estão vinculadas ao foco que se destina enfaticamente à formação do docente para o Ensino Fundamental, e mais abreviada para a Educação Infantil, ratificando o viés formativo priorizado pelos cursos nesse processo de profissionalização inicial. Assim sendo, permanece, no âmbito da gestão, uma condição lacônica, fazendo com que os conteúdos relacionados a esse campo de atuação sejam abordados de maneira periférica.

Essa apresentação panorâmica dos quesitos que constituem os aspectos dos cursos de Pedagogia que fizeram parte de nossos estudos provocou uma série de inquietações acerca de sua estrutura mais geral, demonstrando que a formação para os profissionais que atuam nas atividades de gestão do processo educativo, na área da administração, coordenação, supervisão e orientação permanece um tanto ou quanto preterida.

4. A proposta de formação anunciada pelos cursos de Pedagogia

Com a definição de um quadro de cursos para análise, detivemo-nos na identificação das principais marcas curriculares que orientavam os itinerários formativos, com relação à formação e ao desenvolvimento de competências para atividades de gestão. Assim sendo, apresentaremos algumas análises acerca da tendência apresentada por tais cursos, todos já devidamente contemplando os termos da Resolução CNE CP n. 01/06.

Com a análise das matrizes curriculares dos 130 cursos de Pedagogia, constatamos que nos cursos das instituições públicas (no total de 33), a formação inicial para a atuação no campo da gestão escolar e educacional possui em torno de 4 a 11 disciplinas em todo o curso, sendo que em cerca de 54% dessas instituições são oferecidas ao menos 7 disciplinas vinculadas à formação para a gestão escolar[8].

Quando tratamos de analisar os cursos das instituições privadas (no total de 97), identificamos que a mesma formação ocorre essencialmente no trabalho de 2 a 8 disciplinas que compõem o curso, sendo que em 65% desses cursos tais conteúdos são priorizados em até 5 disciplinas; e apenas 10% oferecem 7 ou mais disciplinas vinculadas diretamente à formação do gestor.

Apesar desse indicador apresentar evidências mais quantitativas, há que se considerar a existência, em muitos cursos, de uma presença um tanto ou quanto superficial dos conteúdos da formação do gestor, a qual ocorre em momentos bastante pontuais do curso, inviabilizando

8. A literatura educacional mais recente tem se referido à nomenclatura gestor escolar na tentativa de se afastar das habilitações vigentes até 2006 e que adotava a nomenclatura de especialistas em educação. Sem embargo das implicações teóricas que já tratamos nesta pesquisa, o que nos parece mais relevante não é o fato de que o profissional seja mais especialista em um determinado campo de atuação, como naturalmente ocorre após algum tempo de experiência, mas que a condição de especialista em determinado ofício não o leve à uma visão parcial do trabalho relacionado à organização da escola ou sua profissionalidade, provocando desconhecimento ou impotência em relação à diversidade das atividades.

a discussão permanente do trabalho em uma perspectiva mais integradora, o que também desfavorece a articulação dos conteúdos gerais do curso com aqueles mais pertinentes à atuação do gestor.

Constatamos ainda que a formação mais dedicada aos conteúdos de formação dos gestores escolares ocorre entre 2 a 4 semestres dos cursos de Pedagogia, sendo que, em 78% das instituições públicas, isso ocorre num período que varia entre 3 a 4 semestres do curso, cuja carga horária fica entre 60 e 80 horas por disciplina.

Em cursos de instituições privadas, essa formação é priorizada no período de 2 a 3 semestres, em cerca de 44% dos cursos, com carga horária que varia entre 40 e 80 horas em cada disciplina. Em cerca de 38% dos cursos privados, são oferecidas mais de 4 disciplinas para a formação dos gestores, de modo geral, concentrando-se no "fechamento" do curso.

Existe uma ideia equivocada de que os conteúdos da gestão escolar são mais complexos do que os da docência ou da própria atuação do pedagogo, e que, em decorrência disso, devem ser apresentados, ao final do curso, o que está em desacordo com o pressuposto de que todos os conteúdos formativos são dotados de seu sentido prático, acadêmico, científico, intelectual e técnico e, dessa forma, devem articular-se.

Notamos que, na maioria dos cursos, permanece uma formação baseada no oferecimento de disciplinas mais generalistas e tradicionais no campo da gestão escolar, que já foram inauguradas no curso de Pedagogia desde o Parecer CFE n. 252/69 como, por exemplo, Política ou Legislação Educacional; Gestão Escolar ou Educacional; Estrutura e Funcionamento da Educação; e Organização da Educação Básica.

Constatamos que em 92 dos 130 cursos analisados são propostas disciplinas como Avaliação, Planejamento ou Currículo como correlatas à formação do gestor escolar, o que teria todo sentido, caso não fossem tratadas com foco essencialmente na docência, mas se apontassem o papel dos futuros gestores na organização de práticas escolares que contemplem esses aspectos.

Para ilustrar a percepção acerca do que entendemos como pulverização nos currículos dos cursos de Pedagogia, o que dificulta uma compreensão clara e objetiva "do que e como se quer formar" e também do "espaço" restante a ser atribuído à formação dos gestores escolares, apontamos, por exemplo, a multiplicidade de disciplinas encontradas nos cursos, que "devem dar conta" de tantos outros aspectos específicos de atuação do pedagogo, ainda que oferecendo apenas "ensaios de aprendizagem", muitas vezes, apenas com a inclusão do termo "educação":

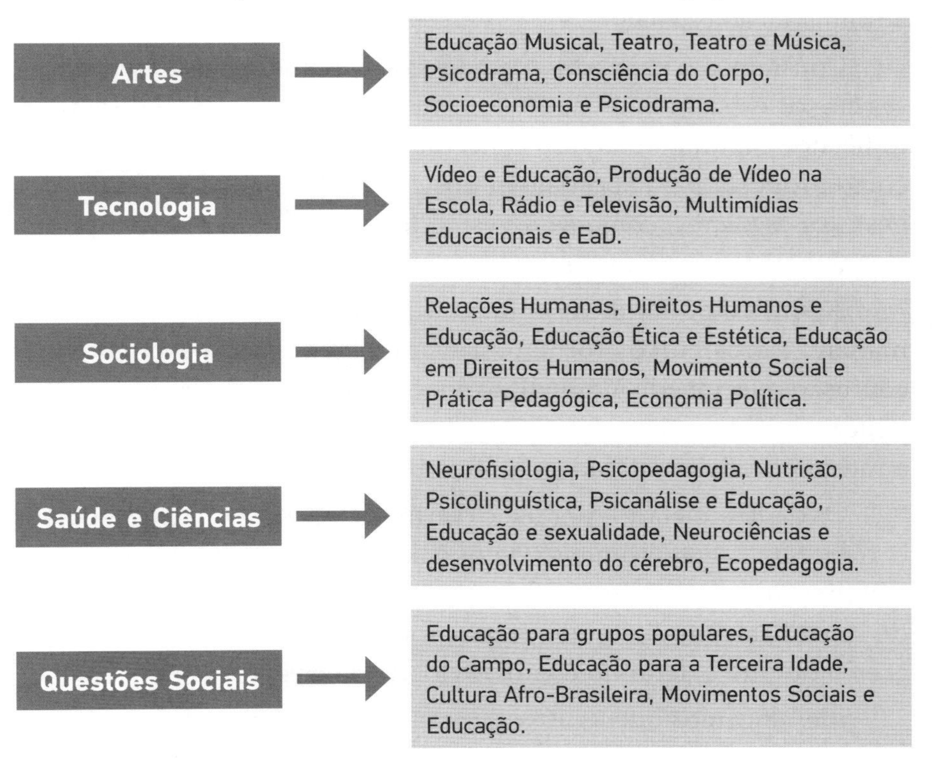

O relativo isolamento destinado à formação do pedagogo com vistas à atuação dentro de campos específicos do trabalho pedagógico na escola, no caso da gestão, é resultante da combinação de vários fatores, dentre os quais: reduzida carga horária; oferecimento predominantemente em períodos finais do curso; escassez de disciplinas que contemplem os diferentes aspectos da gestão e da profissionalidade dos gestores em diferentes ofícios, dentre outros.

Permanece um notório conservadorismo na organização curricular e na proposta de formação desses profissionais no âmbito dos atuais cursos de Pedagogia. Observa-se que 42% dos cursos sustentam os conteúdos formativos para esses ofícios, através da disciplina "Gestão Escolar", mantendo conteúdos que priorizam as práticas da administração escolar.

Constamos, a partir das matrizes curriculares analisadas, que nesses cursos existem mais de 50 nomenclaturas atribuídas à disciplina, indicando alguma tendência conceitual para as referidas disciplinas, como proposta para abordagem dos conteúdos para a formação dos gestores escolares, como se a gestão fosse o foco da atuação profissional, e não a aprendizagem.

Assim como também enfatizou Pinto (2011), essa inversão na maneira de os cursos formarem os pedagogos ressoa também na confusão relacionada à dimensão conceitual de gestão escolar, gestão educacional e gestão pedagógica, como se tratássemos de sujeitos com a mesma profissionalidade, embora existam convergências.

Os dados coletados por meio das matrizes curriculares dos cursos corroboram o entendimento de que a gama de adjetivos atribuídos à expressão *gestão* é um forte indício, não apenas das várias formas de se realizar o trabalho de gestão, mas também da falta de clareza acerca do que é definido como atividade de gestão.

Identificamos que a disciplinas variam de nomenclatura conforme o recorte teórico que se estabelece como prioritário, preterindo-se a complexidade da profissionalização dos gestores. Podemos citar como exemplo:

As diversas nomenclaturas sobre Gestão

GESTÃO

FUNDAMENTOS

- Fundamentos da gestão
- Gestão da educação
- Gestão das modalidades educacionais
- Gestão administrativa em educação
- Princípios da gestão

PEDAGÓGICO

- Gestão do Ensino Médio
- Gestão pedagógica
- Gestão do conhecimento
- Gestão do projeto pedagógico
- Gestão do trabalho educativo
- Gestão da prática pedagógica
- Gestão de currículos e programas
- Gestão de habilidades e competências

INSTITUCIONAL

- Gestão escolar
- Gestão educacional
- Gestão do ambiente educativo
- Gestão do espaço escolar
- Gestão institucional
- Gestão de redes

PROCESSOS

- Gestão de processos
- Gestão da qualidade
- Gestão de pessoas
- Gestão de recursos materiais e financeiros
- Gestão participativa
- Gestão do patrimônio
- Gestão estratégica

A partir desses elementos, podemos também identificar os diversos componentes que integram o trabalho do gestor escolar e, que, portanto, o processo de formação dos mesmos, nesse caso, no Ensino Superior, não pode se apresentar de maneira tão reducionista ou limitada a momentos exclusivos do curso, pois implica na construção de competências profissionais que se apoiem na autonomia, emancipação e criticidade, como indicado por Almeida (2009).

Por outro lado, não se trata de disseminar disciplinas que aparentemente formariam o pedagogo em diferentes aspectos, mas sem refletir como os conteúdos e o currículo do curso se articulam para que esses possam contribuir de forma mais efetiva com os desafios, o que, via de regra, não se constituem apenas por um aspecto do trabalho, superando o pensamento que fragmenta a organicidade da escola, especialmente.

Na continuidade da análise da organização dos cursos de Pedagogia, identificamos outra tendência marcante: a aproximação dos currículos dos cursos com aspectos e elementos provenientes das instituições do mercado empresarial ou corporativo e, portanto, designados não pelo sentido político-pedagógico da escola, mas por uma lógica mais economicista, e ligados a pressupostos da administração estratégica, e não da educação propriamente dita, como demonstramos:

DISCIPLINAS		
• Chefia e liderança. • Gestão de recursos humanos. • Marketing em Educação. • Pedagogia empresarial. • Empreendedorismo. • Gerenciamento dos sistemas escolares.	• Gestão de processos. • Gestão de pessoas. • Finanças em Educação. • Desenvolvimento de pessoal e gerenciamento. • Organização de sistemas e métodos.	• Fundamentos e práticas do gerenciamento escolar. • Gestão estratégica em Educação. • Pedagogia nas instituições. • Empreendedorismo e ensino. • Gestão Organizacional

O que se coloca em questão não é a negação de novos conhecimentos acerca da possibilidade de melhorar a organização do trabalho em instituições escolares, mas a infiltração de uma lógica própria do sistema econômico[9] sobre as escolas, baseada principalmente na ideia de uma

9. A aproximação do conceito de gestão escolar ao de *gerencialismo* empresarial está fundamentada em princípios de eficiência, racionalização, qualificação, liderança e responsabilização dos professores, sob a ótica de que pela garantia desses elementos pode haver uma burocracia mais apropriada para controle da escola, com destaque nos seus resultados, a grande aproximação com as teorias da *gestão estratégica*. Os trabalhos desenvolvidos por Oliveira, Fonseca e Toschi (2004) tratam com bastante propriedade essa forma de gestão inapropriada e distinta do que concebemos

forma de gestão comprometida com a racionalização do trabalho dos profissionais da Educação; a valorização de práticas meritocráticas; a ampliação de formas de controle e a excessiva regulação do trabalho dos professores; o destaque para a necessidade de avaliação do impacto da educação por indicadores estatísticos; a desvalorização de aspectos da carreira; a ênfase no discurso economicista para a explicação de fenômenos e situações educacionais, evidenciando o que se espera dos gestores escolares e, portanto, da sua formação.

Com o distanciamento da reflexão acerca da identidade, da formação, da atuação prática, ou seja, da profissionalidade e dos desafios para os gestores escolares, ocorre o afastamento da discussão do sentido político da educação e do trabalho na construção de uma educação efetivamente democrática, e com qualidade social para toda a população, sobretudo pelo desenvolvimento do projeto político-pedagógico de cada escola.

Observamos também que há significativa presença de disciplinas relacionadas especificamente com determinados ofícios dos gestores escolares, situação encontrada em 45 matrizes curriculares, o que representa cerca de 35% dos cursos. Permanecem disciplinas que podemos considerar como clássicas no campo da formação dos especialistas de Educação, remontando aos períodos regulados legalmente pelo Parecer CFE n. 252/69, apresentando como exemplo:

- Princípios de Métodos em Administração, Supervisão ou Orientação Educacional;
- Estatística em Educação;
- Princípios do trabalho em Administração e Supervisão Escolar;
- Inspeção Educacional e Escolar;
- Fundamentos da Administração, Coordenação e Supervisão;
- Estudos Brasileiros em Administração Escolar;
- Orientação Educacional.

---

como gestão necessária para uma escola comprometida com a educação democrática e com qualidade social. Portanto, a simples alteração de nomenclatura não resolve a situação conflitante sobre a prioridade do campo pedagógico em todo trabalho relacionado à organização da escola.

O mais relevante não é a existência dessas disciplinas nos currículos dos cursos, como se a presença dessas fosse aspecto único para se considerar o curso conservador, mas o fato de, em muitos cursos, essas serem o espaço reduzido pelo qual se enfatiza a formação desses gestores da escola.

Por outro lado, em 23 cursos analisados, encontramos propostas de apresentação dos conteúdos formativos para a gestão escolar numa perspectiva que denominaríamos como disciplinas integradoras: Contextos de Organização da Escola e Gestão, Gestão do Trabalho Pedagógico na Escola, Gestão dos Processos Educativos, Cultura e Gestão da Escola, o que possibilita uma apreciação mais integrada e investigativa da complexidade da escola.

Nessa perspectiva de investigação, ainda que ocorra em apenas 7 cursos analisados, sendo 5 em instituições públicas, são propostos componentes nomeados como: Grupo de Pesquisa em Gestão Escolar, Seminário Integrado de Pesquisa em Orientação e Supervisão Educacional, Pesquisa Prática em Coordenação Pedagógica, Experiências e Pesquisa em Gestão Educacional, que podem ser considerados componentes do currículo que destacam a sensibilidade investigativa a ser desenvolvida pelo pedagogo e o papel pesquisador dos gestores escolares na escola.

Ademais, ao considerarmos o estágio supervisionado obrigatório nos cursos de Pedagogia, identificamos que 72% deles determinam que parte seja realizada em atividades de gestão escolar; entretanto, ficam os indícios de que geralmente o mesmo ocorre em práticas de observação apenas sendo encontrados 9 cursos que propõem o desenvolvimento de Prática Profissional ou Residência Pedagógica em Gestão, modalidades de aproximação com a escola e com o ambiente educativo que superam a formalidade excessiva de estágios mais burocráticos.

Apontamos assim que os cursos ainda precisam superar a concepção exclusivamente teórica ou fragmentária do trabalho dos gestores na escola, e por analogia, a proposta que apresentam para sua formação no âmbito acadêmico. Há uma incidência expressiva de cursos ainda baseados em proposta mais operacional, que contempla de forma fragmentada o que fazem os coordenadores, diretores, supervisores ou orientadores na escola. Logo, é fundamental que sejam valorizadas alternativas mais capazes de problematizar os contextos educativos, como alternativa para superar o fracionamento profissional, que também é reconhecido por aqueles que já realizam as atividades na escola.

5. Considerações finais

Com base nos elementos apresentados neste capítulo, indicaremos algumas proposituras defendidas para a mudança do rumo da formação dos gestores escolares nos cursos de Pedagogia, diante dos próprios desafios do contexto de trabalho e como uma possibilidade de melhoria das escolas.

É imprescindível a ampliação da discussão e uma nova definição acerca de qual é o lugar da formação em gestão nos cursos de Pedagogia, ou seja, como pode ser dada uma resposta mais eficaz a tantas necessidades de atuação do pedagogo nesse campo. Tão importante quanto isso é articular essa formação com o fazer docente e, sobretudo, enfrentando uma lógica de mercantilização que se coloca muito marcantemente nos currículos dos cursos, preterindo o sentido político-pedagógico desses ofícios.

Também concluímos que a formação dos gestores, tal qual sua atuação, tem um compromisso essencial com a qualidade na Educação. Entretanto, precisamos lidar com o conceito de qualidade que tem sido contemplado nos cursos, muito mais próximo de indicadores de desempenho do que de mudança, transformação e compromisso com uma educação com qualidade socialmente mais democrática, o que exige uma formação mais investigativa.

Na intenção de apresentar alguma alternativa mais sistematizada para essas indagações, acreditamos na efetividade da mudança de organização na formação dos gestores, promovendo provocações acerca do modo de pensarem sua profissionalidade e também com foco na sua atuação profissional, avançando de uma referência convencional, que se volta, ainda de maneira fragmentada, para as políticas públicas:

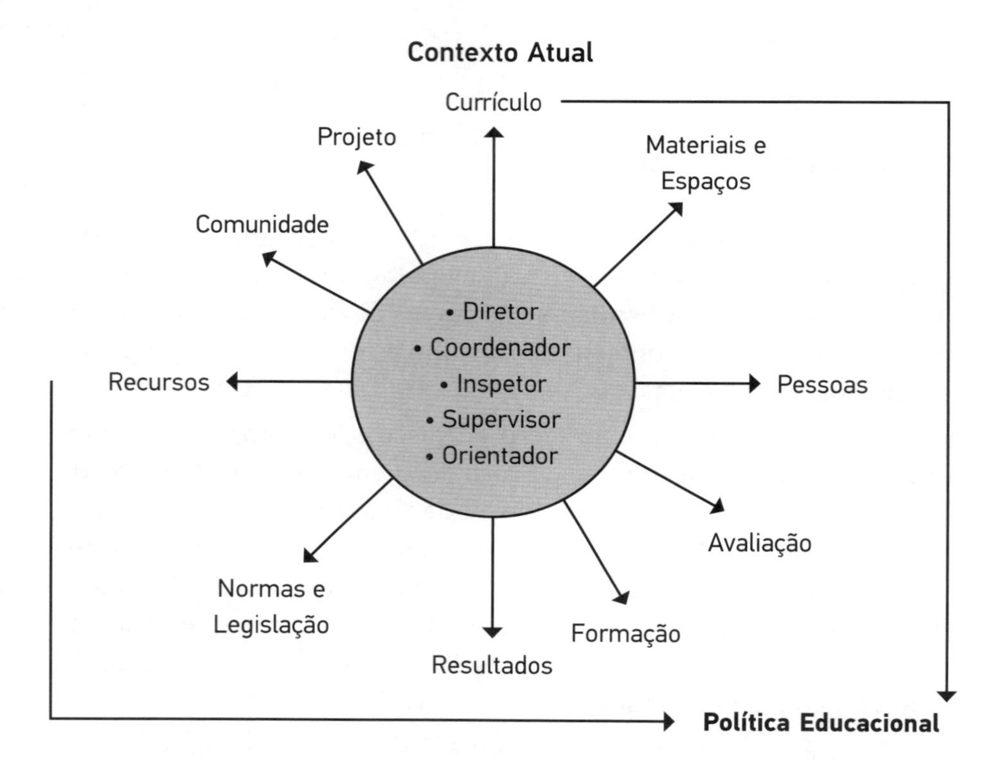

Em contrapartida propomos um modo mais crítico-reflexivo para a organização do trabalho escolar, e da atuação dos gestores escolares, numa perspectiva que tenha o projeto pedagógico da escola como fundamento do trabalho e do desenvolvimento educativo, priorizando a construção de uma formação democrática, intelectual e emancipatória para alunos, comunidade e profissionais, o que entendemos como legítimo compromisso público e político da escola:

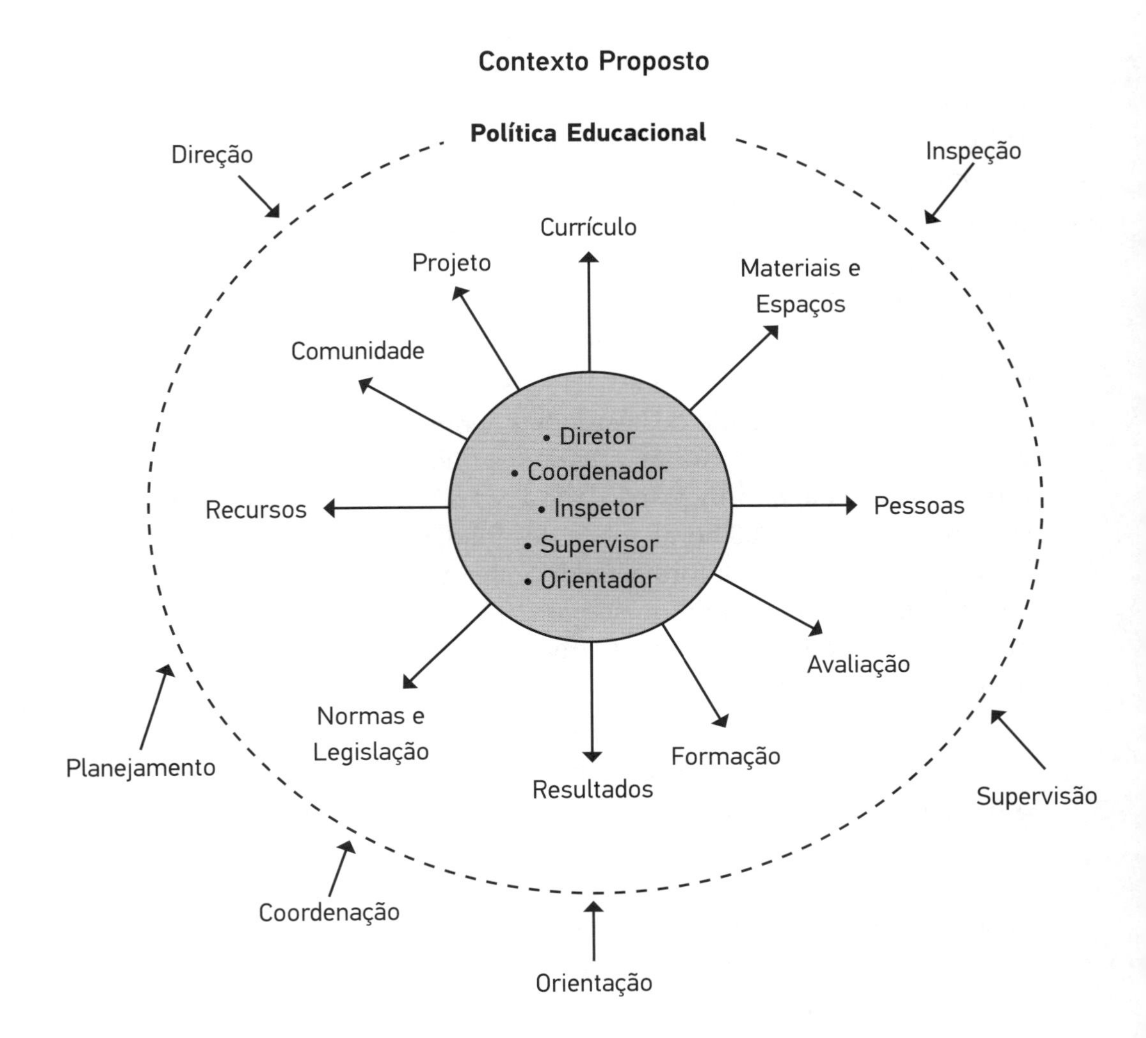

Apesar do anunciado foco na formação pedagógica dos pedagogos, as propostas dos cursos apresentam majoritariamente tratamento segmentado dos conteúdos e dos conhecimentos, o que se reflete na prática escolar, uma vez que se tornam uma das referências para atuação. Aspectos como aplicação de legislação, atividades de formação contínua, mediação das relações e conflitos, ou acompanhamento das políticas públicas na escola são atribuições isoladas de alguns profissionais, ao invés de uma formação e atuação dedicada aos processos e problemas vividos na escola, que poderia superar a cisão entre o fazer e o pensar "o pedagógico".

Outro aspecto vital que defendemos para essa retomada é a disposição de carga horária prevista no curso. Segundo a atual Resolução CNE CP n. 01/06, a integralização do mesmo ocorrerá em, no mínimo, 3.200 horas; contudo, o mesmo dispositivo prevê que essas horas serão destinadas a toda formação prevista, incorporando todas as atividades diversificadas para o curso.

Diante da densidade dos estudos a serem realizados e pela importância da diversificação de atividades que devem fazer parte da formação do pedagogo, inclusive dada a complexidade das atividades, sugerimos que as 3.200 horas sejam destinadas às atividades no ambiente acadêmico para a formação docente, de atuação do pedagogo e para a gestão, incorporando-se para além dessas as demais horas de estágio e prática profissional, atividades complementares e enriquecimento curricular.

Uma nova modulação e estrutura para o curso acenaria para a possibilidade de ampliação e aprofundamento das atividades, assim como para o aumento da relação dos estudantes com seus docentes e o próprio ambiente acadêmico, afastando inclusive a atração pela Pedagogia por uma sensação nefasta de "curso mais rápido", e respondendo, ainda que de certo modo, à intensificação e complexidade da formação, além das diversas atribuições dos gestores nas escolas.

Por esse panorama em relação à carga horária estabelecida para o curso de Pedagogia, que prevê a formação de docentes, de gestores e do pedagogo para outras atividades, não é muito difícil concluir que, ou será formado um professor para atuar em diferentes níveis da docência, ou será formado o gestor escolar, para diferentes ofícios, não obstante o risco de não se formar bem nem um, nem outro. Ainda indagando-nos: "como será formado?". Nesse caso, outra formação implica outro curso de Pedagogia, que seja redesenhado, sob o risco de apenas se "oferecer mais do que é menos", caso não sejam realizadas profundas mudanças curriculares em suas diretrizes.

Por outro lado, não julgamos pertinente propostas que remontem exclusivamente ao modelo do bacharelado, que presumiria outro *status* ao gestor, sob o risco de os afastar do sentido pedagógico fundamental das licenciaturas, que também deve predominar na formação para a gestão escolar e educacional, de modo que também evitemos a ideia de uma Pedagogia para os que podem mais e outra para os que podem menos.

Com essas considerações finais, apontamos os principais elementos que corroboram a nossa tese de que os cursos de Pedagogia carecem de nova organização curricular para que seja dado o devido tratamento e atendimento à formação dos gestores escolares, considerando-se principalmente o desenvolvimento institucional das escolas.

Neste sentido, defendemos que compreender "o que já foi feito" valorizou os estudos teóricos e as iniciativas práticas que até o momento caracterizaram o curso e a formação dos gestores; destacar "o que está sendo feito" pode apoiar as pesquisas em desenvolvimento e os debates acerca do curso de Pedagogia e do trabalho dos gestores; e finalmente, "o que temos a fazer" mobilizará outros profissionais e pesquisadores para a tarefa de refletir sobre a construção de outra identidade necessária para a formação dos gestores nos cursos de Pedagogia.

Referências

ALMEIDA, Maria Isabel. Professores e competência: relevando a qualidade do trabalho docente. In: *Educação e competências:* pontos e contrapontos. São Paulo: Summus, 2009. p. 77-119.

ASSIS, Ana Elisa Spaolonzi Queiroz. *Especialistas, professores e pedagogos:* Afinal, que profissional é formado na pedagogia? Dissertação (Mestrado em Educação). Pontifícia Universidade Católica, Campinas, São Paulo, 2007.

BRZEZINSKI, Iria. *Profissão professor:* identidade e profissionalização docente. Brasília: Plano Editora, 2002.

FRANCO, Maria A.; LIBÂNEO, José C.; PIMENTA, Selma G. Elementos para a formulação de diretrizes curriculares para cursos de Pedagogia, São Paulo, *Cadernos de Pesquisa*, v. 37, n. 130, p. 63-97, jan./abril 2007.

FREITAS, Helena Costa L. Formação de professores no Brasil: 10 anos de embate entre projetos de formação, *Educação e Sociedade*, v. 23, n. 80, p. 137-168, set. de 2002.

LIBÂNEO, José C. *Organização e gestão da escola*: teoria e prática. Goiânia: Editora Alternativa, 2004.

OLIVEIRA, João Ferreira; FONSECA, Marília; TOSCHI, Mirza. Educação, gestão e organização escolar: concepções e tendências atuais. In: OLIVEIRA, João Ferreira (Org.). *Escolas gerenciais*: planos de desenvolvimento e projetos políticos-pedagógicos em debate. Goiânia: UCG, 2004.

PIMENTA, Selma G. (Coord.). *Pedagogia, ciência da educação?* São Paulo: Cortez, 2001.

PINTO, Umberto de A. *Pedagogia escolar* — Coordenação Pedagógica e Gestão Educacional. São Paulo: Cortez, 2011.

SAVIANI, Dermeval. *A Pedagogia no Brasil.* Campinas-SP: Autores Associados, 2008.

SCHEIBE, Leda. Diretrizes Curriculares para o Curso de Pedagogia: trajetória longa e inconclusa. *Cadernos de Pesquisa*, v. 37, n. 130, p. 43-62, 2007. Disponível em: <http://www.scielo.br/pdf/cp/v37n130/04.pdf>. Acesso em: 3 jun. 2008.

SILVA, Carmem S. B. da. *Curso de pedagogia no Brasil, história e identidade.* 3. ed. Campinas-SP: Autores Associados, 2006.

VIEIRA, Suzane da Rocha. *Diretrizes Curriculares para o curso de Pedagogia:* pedagogo, docente ou professor? Dissertação (Mestrado em Educação). Universidade Federal de Santa Catarina, Florianópolis, 2007.

CAPÍTULO 5

A formação inicial de pedagogos para a educação em contextos não escolares: apontamentos críticos e alternativas curriculares

José Leonardo Rolim de Lima Severo

1. Considerações introdutórias

A implementação da Resolução do Conselho Nacional de Educação n. 01, de 15 de maio de 2006 (Brasil, 2006), que instituiu as Diretrizes Curriculares Nacionais para o Curso de Pedagogia (DCNPs) completou, em 2016, dez anos de vigência. Trata-se de um período que, seguramente, comporta uma diversidade de experiências de desenvolvimento curricular no curso de Pedagogia, as quais expõem possibilidades e fragilidades do que tem representado, na prática, os princípios formativos e orientações metodológicas derivadas do documento para a formação inicial de pedagogos, considerando os desafios emergentes da agenda de responsabilidades e demandas educativas na esfera das instituições escolares e das não escolares.

Na perspectiva de reconhecer e problematizar potenciais e limites formativos evidenciados no percurso recente e, igualmente, problemático das DCNPs, torna-se importante considerar os impactos da implementação do documento em relação às finalidades do curso, ao modo pelo qual induziu um "ethos" curricular centrado, prioritariamente, na formação de professores para a Educação Infantil e anos iniciais do Ensino Fundamental e nos desdobramentos dessa concepção nas condições de produção do conhecimento pedagógico e de engajamento profissional do pedagogo nos âmbitos escolar e não escolar.

Inserindo-se no conjunto de esforços que buscam lançar um olhar crítico sobre como as DCNs têm se traduzido em políticas e práticas para o desenvolvimento de currículos no curso de Pedagogia, este texto aborda, especificamente, o quadro problemático da formação de pedagogos para atuação em processos educativos não escolares, considerando que o documento inclui "[...] atividades não escolares" (Brasil, 2006, p. 2) como foco de formação e atuação do egresso do referido curso.

As reflexões que o estruturam seguem o fio condutor de um debate pautado por referências conceituais da Teoria da Pedagogia e da Educação Não Escolar e referências empíricas derivadas de um estudo de campo realizado entre os anos de 2014 e 2015, o qual se configurou como um mapeamento curricular para explorar o modo de inserção da Educação Não Escolar como conteúdo da formação inicial de pedagogos. Os dados analisados permitem evidenciar a circunstância de pouca visibilidade que a Educação Não Escolar (ENE) tem como objeto de investigação no âmbito da Pedagogia e como a inserção do pedagogo nesse universo tem sido pouco estudada.

A orientação teórica que subjaz às reflexões entretecidas ao longo do texto reflete uma perspectiva de crítica histórica às tradições e possibilidades que o conhecimento, a formação e a atuação do pedagogo possuem com relação aos processos de ENE, uma categoria contextual que reúne uma variedade de práticas formativas emergentes na sociedade contemporânea. Essas práticas ampliam o significado atribuído à educação e expressam demandas de formação humana que transcendem os limites da escola como instituição social que, historicamente, tem sido vista como mecanismo educativo mais típico, de tal modo que se construiu uma associação muito forte entre o que se concebe como educativo/pedagógico e os aspectos do processo de escolarização.

Meirieu (2008) examina os discursos sobre a Pedagogia e propõe que centralizar o aspecto epistemológico é importante para reconhecer os limites das proposições conceituais feitas em relação aos dizeres e fazeres em Educação. Em especial, o autor chama a atenção para o que ele considera como uma conexão fundamental: o que se entende por Pedagogia justifica uma dada orientação de formação pedagógica.

No Brasil, essa ideia mostra-se profícua como mote de compreensão dos caminhos que o curso de Pedagogia percorreu ao longo de sua história. Sob uma fraca e inexpressiva discussão acerca do estatuto identitário da Pedagogia, o curso foi assumindo contornos curriculares que explicitam o embate entre posições ideológicas, políticas e conceituais não estabelecidas a partir do debate sobre a epistemologia da própria Pedagogia. Como assinala Saviani (2008), a história do curso no Brasil demonstra uma preocupação excessiva em torno de mecanismos de reformulação e regulamentações alheios a uma reflexão profunda sobre a natureza do conhecimento e da prática pedagógica, sob a qual deveria ser organizado o currículo do referido curso.

Tomando por base a assertiva de Meirieu (2008), é possível compreender no caso brasileiro que a falta de enfrentamento à discussão epistemológica da Pedagogia é um fator que explica as mutações curriculares que organizaram o formato do curso. A ausência dessa discussão, como enfatiza Pimenta (2000), dificulta o reconhecimento da especificidade da formação na área e, tal qual expõe Houssaye (2004), produz ilusões e distorções quanto ao modo de como o processo formativo em Pedagogia deve ocorrer.

Algumas referências expressivas da crítica à formação do pedagogo no Brasil, a exemplo das obras de Pimenta (2000; 2002), Libâneo

(2001, 2002, 2006), Saviani (2008), Franco (2002; 2008), Pinto (2006) e Cruz (2011), desenvolveram um percurso de análise que partem do debate sobre a identidade epistemológica da Pedagogia.

Configurar a busca pela afirmação da ENE no âmbito pedagógico, reconhecendo o debate histórico sobre a identidade da Pedagogia e defendendo o ponto de vista que a concebe como Ciência da Educação, permite reconhecer a educação como um objeto que evidencia um caráter multifacetado e dinâmico não restrito ao campo escolar nem às técnicas de ensino, devendo, essa Ciência "[...] ter um dos focos essenciais de seu trabalho o fazer educacional não só das escolas e de seus professores, mas das diversas instituições com possibilidades educativas" (Franco, 2008, p. 79). Assim, procede-se, no próximo tópico, ao debate sobre como a Educação Não Escolar se inscreve no campo dos objetos de conhecimento da Pedagogia como Ciência da Educação. Nos tópicos subsequentes, desdobra-se a análise de dados indicativos do quadro problemático da formação de pedagogos em ENE, incluindo informações metodológicas do desenho do estudo empírico que se estruturou sob o processo analítico.

2. Abordagem epistemológica da Pedagogia em relação à Educação Não Escolar como objeto de conhecimento pedagógico

A inserção da ENE no âmbito pedagógico constitui-se como uma demanda histórica, pois responde às necessidades emergentes da complexidade que se revela no modo de estruturação e de comportamento das sociedades globalizadas. Por isso, é importante demonstrar o caráter pedagógico da ENE e ressaltar a sua importância para a promoção de processos que potencializem a educabilidade humana em tempos nos quais as pessoas são confrontadas por múltiplas possibilidades e demandas de ensinar e aprender, de educar e de se educar.

Há um fator que parece estar na base da construção de uma proposta de aproximação entre a ENE e a Pedagogia como campo de formação e práticas profissionais: a necessidade de uma argumentação conceitual que subsidie uma abordagem pedagógica do fenômeno educativo que se manifesta no campo não escolar. Essa abordagem conceitual é determinada por um caráter de análise epistemológica acerca de como se estrutura a Pedagogia como Ciência da Educação em contraposição a perspectivas que a representam como tecnologia da instrução ou arte prática do ensino.

Como qualquer campo científico, a Pedagogia é confrontada por demandas que atravessam o universo das práticas educativas associadas ao desenrolar da história em seus múltiplos nexos, de modo que faz sentido afirmar a necessidade de que "[...] é preciso que se reivindique à Pedagogia um estatuto contemporâneo que possa absorver as especificidades do momento histórico atual" (Franco, 2008, p. 131).

A construção de um estatuto epistemológico estruturante da Pedagogia como Ciência da Educação é uma tarefa histórica ainda em aberto, tal como informa Pérez Serrano ao sublinhar que "es cuestión pendiente para los pedagogos lo relativo al tipo de ciencia que corresponde a la Pedagogía o también el lugar que ocupa en el estatuto actual de la ciencia"[1] (2009, p. 66).

A definição da Pedagogia como Ciência da Educação aporta-se no reconhecimento multidimensional do fator científico que configura a abordagem pedagógica, distanciando-a de uma matriz positivista que, como explicita Larrosa (1990), acaba por negar o modelo de cientificidade multidimensional em paralelo à afirmação do modelo de ciência formal inspirado nas Ciências Exatas. Definir a Pedagogia como Ciência a partir do Positivismo incorreria, em última instância, na sua própria negação, haja vista que sua natureza como ciência cujo objeto de conhecimento requer uma atitude investigativa normativa e praxiológica, entraria em contradição com a pretensão de neutralidade axiológica e enfoque puramente descritivo.

---

1. "é questão pendente para os pedagogos o tipo relativo de ciência que corresponde à Pedagogia ou também o lugar que ocupada no estatuto atual da ciência".

Tendo a Educação como um âmbito da realidade humana, a Pedagogia é uma Ciência que, em sua dimensão científico-filosófica, fundamenta conhecimentos teóricos para a compreensão e explicação dos fatos educativos; em sua dimensão tecnológica, descreve o processo educativo a partir de ferramentas e modelos úteis à prática; e que, em sua dimensão praxiológica, estabelece princípios normativos e operações aplicativas que regulem as práticas educativas reflexiva e criticamente. O mútuo imbricamento entre essas três dimensões permitem afirmar a Pedagogia como "la ciencia que aporta la fundamentación teórica, tecnológica y axiológica dirigida a explicar, interpretar, decidir y ordenar la práctica de la educación"[2] (Rubio; Aretio; Corbella, 2008, p. 181).

Schmied-Kowarzik (1983) compreende, por sua vez, a Pedagogia como uma ciência dialética para enfatizar a dimensão práxica que constitui a natureza da Ciência da Educação, vista pelo autor como aspecto identitário fundamental. Concebendo a Pedagogia como ciência da e para a prática educativa, ele esclarece que tal caráter não a restringe a uma tecnologia da ação ou uma ciência profissional pragmática como a Medicina, "[...] mera transmissora de conhecimentos para o domínio de aptidões técnicas e artesanais da orientação do ensino" (Schimied-Kowarzik, 1983, p. 12).

O sentido dialético que expressa o caráter da Pedagogia como uma ciência práxica diz respeito a uma perspectiva "[...] na qual a unidade teoria e prática constitui a condição de possibilidade de apreensão das contradições da educação enquanto prática social, de modo a estabelecer a direção de sentido, as finalidades de nova práxis educacional" (Pimenta, 2010, p. 120).

A articulação de referências teóricas e práticas através de uma análise educacional que se contextualiza nas condições que performam as situações educativas, embasada no rigor científico e na atitude compreensiva e sensível às demandas desse contexto complexo e,

2. "a ciência que aporta a fundamentação teórica, tecnológica e axiológica dirigida a explicar, interpretar, decidir e organizar a prática da educação".

ainda, reconhecendo nas racionalidades que orientam as condutas dos sujeitos a fim de que possam operar o desvelamento por meio de uma postura autocrítica de reconstrução de sentidos e significações, permite à Pedagogia "[...] produzir um saber específico capaz de orientar a ação sobre o homem e o seu destino. Para isso, a condição é articular, com todo rigor epistemológico necessário, as diferentes formas de saber aplicadas" (Soëtard, 2004, p. 62). Dialeticamente, a Pedagogia promove, então, a conversão de um saber-como para um saber-quê explicitado e fundamentado teoricamente sob os aportes que a prática impulsiona a emergência.

A educação como objeto da Pedagogia revela-se como "[...] inconcluso, histórico, que constitui o sujeito que o investiga e é por ele constituído" (Pimenta, 2010, p. 35), proporcionando espaços para transformações operadas segundo a consciência assumida pelos sujeitos frente às suas condições histórico-sociais e aberto a modificações de acordo com as ferramentas que a Pedagogia disponibiliza, as quais são conceituais, metodológicas e, também, tecnológicas.

Torna-se especialmente necessário ressaltar que o termo *educação* não corresponde à escolarização nem à instrução. Designa um processo global de formação humana através da inserção dos sujeitos na cultura a partir de mediações exercidas por agentes e dispositivos em contextos variados. A Pedagogia tem como objeto a educação como formação humana e não somente à formação escolar ou instrução formal, estando essas inseridas no contexto daquela.

Desse modo, chega-se à Educação Não Escolar como um objeto legítimo da Pedagogia que requer, todavia, ser sistematizado conceitualmente em um nível mais consistente no interior da relação entre educação, sociedade e ação pedagógica. Tal relação pressupõe o estudo do caráter teórico da Educação Não Escolar em face às categorias de descrição do fenômeno educacional e dos aspectos que constituem as práticas inscritas nesse campo, justificando-as como objeto de trabalho do pedagogo.

Educação Não Escolar (ENE) consiste em um termo cuja conceituação resulta de uma necessidade histórica emergente, dado o atual contexto de fortalecimento do caráter estruturado de práticas educativas para além dos limites da escola. Se, na maior parte do tempo, a Pedagogia e a sociedade, em geral, deixaram de focalizar a ENE como problema pedagógico, a atualidade tem sido cenário de proliferação de iniciativas cada vez mais visíveis de desenvolvimento de processos formativos em espaços não convencionais de ensino e aprendizagem. Diversas instituições não escolares, porém, com interesses educativos em sua conjuntura ou com algum tipo de inserção em contextos em que as pessoas necessitam atuar através do uso de ferramentas pedagógicas, têm configurado, em sua agenda de trabalho, objetivos e ações que manifestam, em maior ou menor medida, um caráter instrutivo, educativo ou pedagógico. Nesses novos cenários, não só são processadas novas práticas educativas, como também essas práticas põem em avaliação, direta ou indireta, a função da escola e das aprendizagens que se espera que sejam promovidas em seu âmbito.

Embora no Brasil a abordagem sobre a ENE, no nível conceitual, formativo e profissional permaneça sendo razoavelmente tímida, algumas experiências nacionais e, de modo mais expressivo, um grande volume de experiências internacionais impelidas por organismos transnacionais, como a Unesco, universidades e por empresas, institutos e estabelecimentos diversos, revelam que, sob a perspectiva de consolidar as práticas educativas não formais como recurso de ampliação do potencial educativo da sociedade, "[...] se intentaron incrementar los programas de formación no escolar [...] sino también se han habilitado instrumentos adecuados para reconocer y validar determinados aprendizajes adquiridos al margen de proyectos formativos [...]"[3] (Fernández, 2006, p. 17).

A emergência da ENE como uma perspectiva de desenvolvimento de práticas formativas que atendem a demandas além-escola

3. "Tentou-se incrementar os programas de formação não escolar [...] como também se habilitaram instrumentos adequados para reconhecer e validar determinadas aprendizagens adquiridas à margem de projetos formativos".

insere-se em um contexto atravessado por fatores sociais, políticos e econômicos relativos ao processo de globalização, bem como a fatores culturais gerados pela impulsão da comunicação e troca de experiências apoiadas em tecnologias contemporâneas. Do ponto de vista teórico, a ENE relaciona-se com conceitos correntes no campo da Pedagogia que expressam um significado ampliado para a formação humana com base em processos de ensino e aprendizagem diversificados, complexos, dinâmicos e interconectados em espaços e tempos distintos da Instituição Escolar, a exemplo do conceito de Educação Permanente, Educação ao Longo da Vida, Educação Integral, Educação Social etc.

Com efeito, as práticas de ENE na sociedade brasileira assumem um caráter mais institucionalizado na esteira da expansão do associativismo no terceiro setor, circunstância que evidencia o protagonismo de Organizações Não Governamentais (ONGs) que atuam no campo da educação não formal, ainda que nem todas reflitam concepções educativas críticas e emancipatórias, haja vista sua vinculação a ideologias neoliberais de suas entidades financiadoras e da própria política que tornou as ONGs um mecanismo que suplanta responsabilidades que deveriam ser assumidas pelo Estado.

Segundo Gohn (2010), uma parte desses organismos expressa lógicas de atuação distintas de outra parte que se liga a ONGs herdeiras da tradição oriunda dos movimentos sociais e populares dos anos 1980, as quais mantêm um compromisso mais forte com a questão da cidadania emancipadora e da problematização social.

O discurso sobre a ENE, no Brasil, não diferindo muito da tendência internacional sobre a questão, é marcado pela contradição anteriormente exposta e que diz respeito às ambivalências da Educação em uma sociedade neoliberal. Organismos internacionais como a Unesco e a ONU têm investido sistematicamente na difusão de perspectivas pedagógicas que evidenciam o lugar central da ENE para o desenvolvimento humano no que se denomina como sociedade do conhecimento, da informação ou da comunicação, a exemplo do paradigma da aprendizagem ao longo da vida. De certo, essas perspectivas traduzem uma preocupação com a ampliação das oportunidades de Educação que as pessoas devem ter além da escola e a partir dela, de modo a atender às demandas de uma sociedade em mudança constante, mas devem ser abordadas de modo crítico por, em certa medida, se pautarem pelo imperativo do capital humano que ajusta a Educação às necessidades sociais de mercado dinamizadas por forças econômicas, fazendo com que se afastem de uma concepção educativa crítica e humanizante.

Empresas, organismos públicos, departamentos estatais, movimentos sociais, organizações não governamentais, instituições de saúde, centros comunitários, agências de comunicação, entre outros espaços, passaram a reconhecer e intensificar a dimensão educativa de serviços ofertados à população e em seus processos de gestão. Por responsabilidade social ou por demandas internas, as empresas, por exemplo, têm demonstrado, nos últimos anos, uma maior atenção às ações de educação, as quais, em grande parte, inscrevem-se no contexto não escolar.

Durante muito tempo, tais ações não eram configuradas como problemas ou processos pedagógicos porque, como afirma Gohn, estavam relacionadas à Educação Não Formal, a qual consistia em uma área "[...] que o senso comum e a mídia usualmente não veem e não tratam como educação porque não são processos escolarizáveis" (2010, p. 34).

Compreende-se que a ENE pode ser conceituada como uma categoria temática que engloba práticas consideradas formativas situadas fora da escola. É, portanto, mais adequada para se referir aos espaços educativos em que ocorrem processos não formais e informais, embora em alguns casos seja possível reconhecer atividades formais que se desenvolvem fora da escola, em contextos não convencionais, como, por exemplo, a realização de um curso de alfabetização ou supletivo e uma cooperativa popular de trabalho que, ao seu término, acredita formalmente a aprendizagem dos trabalhadores com um documento válido como certificação escolar. Do mesmo modo, a escola pode ser cenário de atividades educativas não formais, a exemplo das práticas de Educação Social em instituições escolares.

3. Aspectos metodológicos do estudo empírico

Os dados empíricos apresentados neste artigo foram coletados no contexto de uma pesquisa de Doutorado em Educação, desenvolvida no ano de 2014, como parte de uma agenda investigativa que envolveu também outros procedimentos de coleta de dados de naturezas distintas, sob o propósito de traçar um mapeamento crítico de como a ENE tem se convertido em objeto de processos formativos no âmbito do curso de Pedagogia no Brasil após a promulgação das atuais DCNs.

De acordo com o marco operacional da pesquisa, estão incluídos PPCs de 20 cursos de Pedagogia no Brasil. Considera-se que essa amostra manifesta representatividade por abranger cursos de Pedagogia distribuídos em todas as regiões do Brasil e estarem localizados em instituições que se destacam por ofertarem o maior quantitativo de vagas para ingresso no Ensino Superior em seus respectivos estados, sendo detentoras do maior número de discentes matriculados. Optou-se em eleger o curso de Pedagogia do campus central das maiores universidades públicas dos estados e do Distrito Federal.

A busca pelos PPCs operacionalizou-se por meio do acesso aos sites das universidades ou, nos casos em que essa estratégia não foi bem-sucedida, através de contato direto com órgãos de coordenação dos cursos. Contudo, as dificuldades quanto ao retorno dos contatos com os(as) coordenadores(as) dos cursos levou a não integralização de um PPC para cada estado do país, incluindo o Distrito Federal. Assim, foram localizados e analisados 20 PPCs, cujas especificações constam no quadro a seguir.

Quadro 1
Instituições às quais pertencem os PPCs incluídos no corpus amostral.

UF*	Instituição	Sigla	Cidade
AL	Universidade Federal de Alagoas	UFAL	Maceió
AM	Universidade Federal do Amazonas	UFAM	Manaus
AP	Universidade Federal do Amapá	UNIFAP	Macapá
BA	Universidade Federal da Bahia	UFBA	Salvador
CE	Universidade Federal do Ceará	UFC	Fortaleza
ES	Universidade Federal do Espírito Santo	UFES	Vitória
MS	Universidade Federal do Mato Grosso do Sul	UFMS	Campo Grande
MT	Universidade Federal do Mato Grosso	UFMT	Cuiabá
PA	Universidade Federal do Pará	UFPA	Belém
PB	Universidade Federal da Paraíba	UFPB	João Pessoa
PE	Universidade Federal do Pernambuco	UFPE	Recife
PI	Universidade Federal do Piauí	UFPI	Teresina
PR	Universidade Federal do Paraná	UFPR	Curitiba
RJ	Universidade Federal do Rio de Janeiro	UFRJ	Rio de Janeiro
RO	Universidade Federal de Rondônia	UNIR	Porto Velho
RR	Universidade Federal de Roraima	UFRR	Boa Vista
RS	Universidade Federal do Rio Grande do Sul	UFRGS	Porto Alegre
SC	Universidade Federal de Santa Catarina	UFSC	Florianópolis
SP	Universidade de São Paulo	USP	São Paulo
TO	Universidade Federal de Tocantins	UFT	Palmas

* UF: Unidade Federativa
Fonte: Elaboração própria (2014).

Os dados foram organizados e tratados de acordo com a técnica de Análise Categorial de Conteúdo. Trata-se de um instrumento de análise que permite um tratamento quantitativo e qualitativo aos dados coletados. Como propõe Bardin (2010), essa técnica possibilita um desvendamento dos significados presentes nos documentos curriculares por se configurar de etapas operativas de categorização e descrição analítica do *corpus* documental.

De acordo com os procedimentos recomendados para o uso dessa técnica, o processo analítico categorial de conteúdo envolve etapas de pré-análise, codificação, categorização e inferência. As categorias que organizaram a análise foram feitas a partir da pré-análise com o auxílio da "leitura flutuante" (Bardin, 2010, p. 90), consistindo em: ENE e objetivos e finalidades do curso de Pedagogia, ENE e saberes curriculares.

Utilizaram-se unidades de registro (palavras e temas) e unidades de contexto para codificar os elementos que formaram as categorias temáticas da análise. A categorização obedeceu aos princípios de exclusão mútua, homogeneidade, pertinência, fidelidade e produtividade. Por fim, chegou-se ao estágio de inferência como momento final da descrição analítica do conteúdo. Entende-se que "[...] a intenção de análise de conteúdo é a inferência de conhecimento relativa às condições de produção [...], inferência esta que recorre a indicadores [...]" (Bardin, 2010, p. 40).

Acerca da estrutura dos PPCs, é importante assinalar que os tópicos utilizados para organizar os textos nesses documentos têm uma denominação bastante heterogênea. Há tópicos, por exemplo, que só constam em alguns projetos, como é o caso do que se denomina genericamente de contextualização, marco conceitual e princípios norteadores. Há uma variação com relação aos tópicos que se referem à finalidade do curso e ao perfil do egresso. Em alguns projetos, esses tópicos são encontrados com título de objetivo do curso, perfil do curso, identidade do egresso, missão do curso etc. Desse modo, considerou-se que o uso de categorias para sistematização e análise de conteúdo dos PPCs permitiria a abordagem de elementos que, embora não estivessem presentes em tópicos homônimos nos documentos curriculares, poderiam ser encontrados em outras partes textuais e agregados em torno das mesmas.

4. Perspectiva geral de formação de pedagogos para a ENE quanto aos objetivos e finalidades dos cursos de Pedagogia

De modo geral, há uma tendência comum de que os objetivos do curso de Pedagogia, os saberes e o perfil profissional do pedagogo sejam situados a partir da contextualização histórica sobre a trajetória desse curso e, em alguns projetos, a contextualização compreendeu, também, a história do curso na instituição e no cenário local das políticas e práticas educativas. A maneira pela qual essa abordagem foi configurada revelou a posição de crítica expressa no documento em se tratando das problemáticas epistemológicas, formativas e políticas da Pedagogia no Brasil, de modo implícito ou explícito.

Dos 20 projetos analisados, 11 explicitam e discorrem sobre a base conceitual que fundamenta a proposta de funcionamento e organização dos cursos de Pedagogia. Na estrutura dos projetos, os tópicos que comportam essa discussão têm denominações variadas, como, por exemplo: fundamentação teórica, fundamentação conceitual, princípios norteadores, marco pedagógico, entre outras. O conteúdo referente à base conceitual corresponde a perspectivas teórico-metodológicas relativas ao conceito de educação, escola, sociedade, educador/docente/professor/pedagogo e, em apenas 05 projetos, ao conceito de Pedagogia. Entre essas perspectivas, a ENE apareceu, na maioria das vezes, em trechos citados originalmente pertencentes ao texto das DCNs, nas passagens que se tratam dos objetivos do curso.

Nenhum projeto contemplou a definição conceitual de ENE e o próprio conceito de Educação como cenário de práticas profissionais do pedagogo, em um sentido amplo, envolvendo diversos âmbitos e setores, tampouco é significativamente evidenciado. Por outro lado, a discussão sobre questões relacionadas à escola, à docência e à atividade do professor, tendo como plano de fundo debates acerca da educação escolar brasileira, são claramente recorrentes.

Desse modo, o principal elemento que sobressaiu na fundamentação conceitual dos cursos intrínseca aos projetos foi a discussão sobre a docência como base de formação dos profissionais da educação e de identificação do curso de Pedagogia. Em 11 projetos (UFAL, UFAM, UFES, UFMT, UFPA, UFPE, UFPI, UFRJ, UFSC), tal discussão se situou em uma perspectiva de análise dos movimentos de crítica à formação e prática docente, especialmente representados pela ANFOPE, que aparece citada em todos os referidos projetos, demonstrando que as opções formativas se basearam em razões políticas, institucionais e históricas convergentes às pautas defendidas por essa Associação.

Em consonância com a definição contida nas DCNs, a docência é configurada como

> [...] ação educativa e processo pedagógico metódico e intencional, construído em relações sociais, ético-raciais e produtivas, as quais influenciam conceitos, princípios e objetivos da Pedagogia, desenvolvendo-se na articulação entre conhecimentos científicos e culturais, valores éticos e estéticos inerentes a processos de aprendizagem, de socialização e de construção do conhecimento, no âmbito do diálogo entre diferentes visões de mundo (Brasil, 2006, p. 1).

O conceito de docência que atravessa os PPCs, na perspectiva já mencionada nas DCNs, inclui atividades de ensino, gestão e pesquisa no campo da educação escolar e não escolar, envolvendo, ainda, práticas especializadas de assessoramento educacional. Ainda que, desde essa perspectiva conceitual ampliada, a docência esteja associada a atividades pedagógicas de gestão e investigação em cenários educativos diversos, percebe-se, nos PPCs, que ela se associa diretamente ao trabalho do professor em sala de aula. Em alguns projetos, as instituições explicitam uma posição que, efetivamente, privilegia a opção exclusiva pelo magistério escolar. Conforme discute Libâneo (2006), o uso da docência como perspectiva para basear um projeto de formação de pedagogos e sintetizar práticas de ensino, gestão e pesquisa pedagógica mostrou-se categoricamente inadequada.

A opção preferencial explícita pela docência escolar pode ser exemplificada através dos seguintes trechos retirados de PPCs analisados:

> Nesse sentido, em sintonia com o que sempre defenderam as organizações dos profissionais da educação, em atenção aos anseios da sociedade alagoana, o/a pedagogo/a que pretendemos formar precisa atender prioritariamente às necessidades da educação básica que se efetiva nos espaços escolares [...] Com essa opção preferencial pela educação escolar, o curso de Pedagogia aqui proposto busca responder às lutas historicamente travadas pelas entidades nacionais como ANFOPE e FORUNDIR (UFAL, 2006, p. 22).
>
> O curso de Pedagogia da UFSC toma como prioridade a sua inserção junto às redes públicas de ensino e às unidades escolares, entendendo esse contexto como foco de formação (UFSC, s/d., p. 16).
>
> Missão do curso: formar, prioritariamente, profissionais para exercer funções de magistério na Educação Infantil e nos Anos Iniciais do Ensino Fundamental com profundo conhecimento da dinâmica da sociedade [...] (UFT, 2007, p. 13).

Os trechos acima transcritos exemplificam opções formativas, preferências explícitas nos PPCs. Entretanto, ainda que não haja uma justificativa conceitual mais substancial quanto ao fato de o curso se destinar preferencialmente à formação de professores, há elementos que demonstram uma clara tendência em centralizar o magistério escolar na discussão sobre os princípios norteadores e a finalidade que justifica o curso de Pedagogia. Trata-se de elementos acerca do significado epistemológico atribuído à própria Pedagogia.

Neste trabalho, tais elementos constituem uma importante dimensão de análise da formação de pedagogos para intervenções em ENE, uma vez que se considera que o significado de Pedagogia expresso nos documentos curriculares traduz concepções acerca da especificidade do objeto pedagógico e, ao passo em que estabelece o campo epistêmico no qual o curso se situa, opera incidências no modo pelo qual o seu currículo deverá se organizar a partir daquilo que se acredita consistir como identidade da Pedagogia.

Os PPCs da UFPI, UFPA, UFPR e UFPE foram os únicos documentos em que pôde ser encontrado algum registro explícito sobre o debate epistemológico envolvendo a Pedagogia ou sobre sua identidade como Ciência da Educação. Não coincidentemente, é possível encontrar também em alguns desses projetos, em maior ou em menor medida, registros de crítica à concepção da docência como base de formação, embora, como pode se observar no conjunto dos documentos curriculares, a perspectiva de docência ampliada acabou sendo tomada como uma alternativa para a solução dos embates que historicamente se desencadearam em torno dos objetivos do curso de Pedagogia quanto à formação de professores, gestores ou pesquisadores educacionais, como pode ser percebido no seguinte trecho: "[...] uma visão ampliada da docência não fragmenta a concepção/execução do ato educativo, a pesquisa e a extensão, a fim de formar o pedagogo como um estudioso e pesquisador da realidade educacional [...]" (UFPE, 2007, p. 12).

O PPC da UFPR contextualiza o desenvolvimento curricular do curso de Pedagogia sob diversos pontos de vista a partir de uma avaliação diagnóstica envolvendo as perspectivas de discentes e docentes. O texto mencionou que, na perspectiva dos discentes, alguns aspectos de insatisfação dos alunos quanto às tradições do curso de Pedagogia consistem na "ausência de concepções de pedagogo; [...] ênfase no trabalho escolar em detrimento da discussão do papel do pedagogo em outros espaços pedagógicos [...]" (UFPR, 2007, p. 12). O texto contempla uma importante discussão que, com base na interlocução com autores que se dedicam ao debate epistemológico da Pedagogia, a exemplo de Pimenta (2000), problematiza o sentido do trabalho pedagógico como fundamento da concepção de pedagogo, reconhecendo a Pedagogia como "[...] ciência que estuda o fenômeno educativo em suas peculiaridades" (UFPR, 2007, p. 35).

O PPC da UFPE também define que o significado da Pedagogia como Ciência da Educação é um pressuposto da formação de pedagogos, entendendo que a complexidade que a envolve se refere à "[...] relação de integralidade com seus aportes teóricos sócio-filosóficos, histórico-político-culturais, psicológicos, estéticos [...], envolvendo diversos campos [...]" (UFPE, 2007, p. 14). Haja vista a complexidade e amplitude dos objetos e contextos de ação pedagógica, afirmou-se que:

> Em que pese o reconhecimento da centralidade da docência como base da formação e do trabalho profissional do pedagogo, entende-se também a necessidade de se conceber a pedagogia materializada em um trabalho pedagógico mais amplo de interação formativa entre os sujeitos em espaços escolares e não escolares, ampliando os estudos e discussões sobre o que é intencionado alcançar nesses espaços educativos (UFPE, 2007, p. 11).

Considerar a natureza epistemológica da Pedagogia como Ciência parece implicar no reconhecimento de que o objeto de conhecimento, formação e prática pedagógica se configura como uma realidade complexa, multiforme e dinâmica que se expande em diferentes contextos e se materializa a partir de diferentes formas de ação pedagógica. Desse modo, embora que, de maneira não explícita, os PPCs supracitados sugiram que a verdadeira base da formação de pedagogos é o trabalho pedagógico e práticas investigativas como recursos de construção das situações de ensino e aprendizagem, sejam elas de natureza docente ou não docente.

Com exceção do PPC da UFSC, que sequer continha a expressão "educação não escolar", os demais PPCs, seja por transcrição de trechos das DCNs ou por discurso original, incluíram a ENE como dimensão dos objetivos do curso de Pedagogia, perfil e competências do pedagogo. Com vistas à organização da análise dos PPCs, utilizaram-se duas categorias prévias de classificação do conteúdo relevante à discussão que se se alinha aos propósitos desta pesquisa.

As categorias são: ENE e objetivos do curso de Pedagogia e ENE e disciplinas/conteúdos/atividades curriculares. Essas categorias emergiram previamente a partir dos objetivos da pesquisa e dos referenciais teórico-metodológicos mobilizados na construção do objeto de estudo do trabalho.

5. Educação Não Escolar nos objetivos e finalidades do curso de Pedagogia: aspectos da organização curricular dos cursos

Os objetivos do curso de Pedagogia aparecem como finalidade, missão ou propósito norteador do processo formativo que se busca desenvolver. Assim sendo, necessitam traduzir a intencionalidade que fundamenta o curso de Pedagogia em ações dirigidas ao desenvolvimento de características profissionais que identifiquem o ideal que o currículo busca alcançar. Nos objetivos, plasmam-se o objeto da formação com orientações conceituais, metodológicas e valorativas intrínsecas às opções por um determinado modelo de organização curricular adotado para formar pedagogos. Por isso, torna-se importante abordar os objetivos dos cursos presentes nos documentos curriculares analisados para compreender quais intenções de direcionamento estão expressas nos mesmos a partir dos objetos de formação priorizados.

Em conformidade com as DCNs, os objetivos dos cursos se propõem, em maior ou menor medida, a um processo de formação de pedagogos para o ensino, a gestão e a pesquisa em espaços escolares e não escolares. Contudo, do ponto de vista discursivo, os textos utilizados para traduzirem os objetivos do curso revelam-se como um dado híbrido em que há ênfases, sobreposições e articulações distintas dos aspectos que configuram o propósito do curso de Pedagogia. O quadro a seguir apresenta as dimensões formativas encontradas nos objetivos dos cursos contidos nos PPCs, que explicitam a centralidade da formação para a escola e a diversidade de modos de inserção de objetos da formação utilizados para expressar a perspectiva da docência como base de formação.

Quadro 2
Dimensões formativas dos objetivos dos cursos de Pedagogia

Dimensões formativas	PPCs correspondentes
Docência escolar, gestão e pesquisa	UFAL, UFAM, UFC, UFES, UFMT, UFPE, UFT, UNIFA, USP
Docência escolar, gestão e funções especializadas	UFBA
Docência escolar e pesquisa	UFAM
Docência e gestão escolar	UFPA, UFRGS, UFRR
Docência e coordenação pedagógica	UFSC
Docência e gestão educativa	UFPI, UFRJ, UNIR

A tendência geral encontrada no conteúdo dos PPCs é a ideia da docência como atividade de ensino, o que contradiz a perspectiva de docência ampliada que configura a base de formação no curso de Pedagogia no Brasil. Ao empregar o termo "docência", distinto do de "gestão" e "pesquisa", por exemplo, o texto expressa que, de fato, reconhece-se que existem diferenças quanto à natureza dessas atividades que, embora estejam associadas por princípios de base comum, consistem em manifestações distintas do trabalho pedagógico. Essa observação assinala o caráter contraditório ou de confusão conceitual que envolve o uso do termo e da respectiva noção, no sentido mais amplo, da docência nos PPCs.

Esse caráter se deriva, possivelmente, do imbróglio conceitual que envolve a perspectiva da docência ampliada. Essa perspectiva construiu-se no interior de um movimento político que defendia que a base da formação de educadores assentava-se na docência, vista aqui como ato de ensinar. Para estabelecer uma contraposição à divisão técnica do trabalho pedagógico, especialmente na escola — já que pouco se explorou, no contexto desses movimentos, o trabalho pedagógico não escolar —, argumentou-se que as diferentes manifestações que constituem as práticas profissionais em Pedagogia detêm uma célula essencial de ensino-aprendizagem, sendo definidas, portanto, desde um ponto de vista docente. O pedagogo seria, nessa lógica, um docente ou um professor, que ensina em contextos diversos e que utiliza tecnologias de gestão e pesquisa educativa em prol desse princípio básico do seu trabalho.

Dada a influência da lógica das habilitações profissionais ainda presente no ideário de formação em Pedagogia, sobre a qual se construíram conceitos sobre processos de supervisão, gestão, coordenação do trabalho pedagógico articulados aos processos da docência (ensino), mas diferenciados com relação aos mesmos, a assimilação de todos esses processos pela perspectiva da docência parece não se aplicar facilmente à designação do objeto da formação e da prática do pedagogo, pois, de acordo com o que se pôde visualizar nos PPCs, permaneceu vigente o entendimento de que ensino, gestão e pesquisa são dimensões do trabalho pedagógico e que docência é sinônimo de ensino.

Portanto, a formação para a docência, de acordo com os objetivos contidos nos PPCs, corresponde, na verdade, à formação para o ensino, mais precisamente o que se efetua no âmbito da Educação Infantil, dos Anos Iniciais do Ensino Fundamental e na Educação de Jovens e Adultos, havendo, ainda, algumas poucas referências ao ensino nos cursos de Normal Nível Médio (Magistério) e outros cursos técnicos na área de serviços educacionais.

O PPC da UFMT, por exemplo, serve para ilustrar a contradição no uso da perspectiva da docência ampliada, pois considera que há atividades pedagógicas não docentes, inclusive escolares, e, portanto, delimita o campo de atuação do pedagogo traçando fronteiras entre três setores: Pedagogia Escolar Docente, Pedagogia Escolar Não Docente e Pedagogia Não Escolar.

A associação entre Pedagogia e Educação Não Escolar muitas vezes conduz ao equívoco de se pensar que a atuação pedagógica nesse cenário refere-se a um trabalho de ensino fora da escola. Por certo, o pedagogo poderá atuar como professor em práticas educativas não escolares, mas o espectro de habilidades que se associam às dinâmicas dessas práticas, especialmente as que acontecem no âmbito da educação não formal, estrutura-se a partir de um conjunto pluralizado de saberes e modos de ação mobilizados de acordo com as especificidades e necessidades de cada cenário educativo. Nesse sentido, as habilidades profissionais do pedagogo para intervenções em ENE incluem o ensino, a gestão e a pesquisa, assim como se exige para a prática pedagógica escolar, mas envolvem saberes e modos de ação requeridos ao processo de pensar e agir na educação que se pratica a partir de outras dinâmicas, com outros sujeitos, objetivos, recursos e modelos metodológicos distintos daquilo que caracteriza o trabalho na escola.

Por outro lado, é legítimo pensar que o que se espera de um pedagogo em espaços de ENE muitas vezes dialoga com as habilidades necessárias ao trabalho do pedagogo na escola como professor. A prática do magistério, da gestão e da pesquisa em Pedagogia segue orientações teleológicas que se associam a concepções de sujeito e sociedade que transcendem o cenário em que as práticas educativas ocorrem, pois são intrínsecas ao próprio sentido emancipador da educação. Desse modo, grande parte dos saberes e habilidades declaradas nas DCNs que são, em vários casos, reproduzidas nos PPCs, pode ser sobreposta tanto no campo da ENE quanto no campo da Educação Escolar. Entretanto, a dimensão técnico-operativa do trabalho pedagógico em cada um desses contextos necessita ser melhor compreendida em termos de finalidades, objetivos e saberes-fazeres que o curso de Pedagogia pode desenvolver.

Com exceção da UFSC, todos os outros PPCs incluem a ENE como cenário de aplicação dos processos de ensino, pesquisa e gestão, mas dão a entender que se trata de algo inserido por determinação legal. Para operacionalizar os objetivos do curso, os PPCs incluem eixos/dimensões curriculares seguindo a orientação de classificação de disciplinas e atividades formativas estabelecida pelas DCNs. Com eles, busca-se superar uma organização curricular estática, dicotômica e desarticulada, pois possibilitam a configuração de percursos para a articulação horizontal e vertical das aprendizagens e proporcionam maior organicidade na relação entre as disciplinas e atividades formativas.

Os eixos/dimensões dos currículos, segundo os PPCs, enlaçam disciplinas e atividades dos núcleos de estudos básicos, de aprofundamento e diversificação de estudos e de estudos integradores. De acordo com as DCNs, a ENE deveria ser inserida em todos os eixos, seja como tema de estudos teóricos ou de práticas programadas no curso de Pedagogia, incluindo estágios. No quadro a seguir, apresentam-se os eixos/dimensões que, de maneira específica, contemplam disciplinas e atividades voltadas para a ENE. Vale ressaltar que nem todos os PPCs classificam as disciplinas e atividades curriculares de acordo com eixos/dimensões, como no caso da UFES e UFRGS. Por esse motivo, optou-se por não inserir no quadro essa informação.

Quadro 3
Eixos/dimensões curriculares que tematizam a Educação Não Escolar no curso de Pedagogia

Instituição	Título do eixo/dimensão curricular
UFPA	Mundo do trabalho, trabalho docente e processos educativos na contemporaneidade.
UFPE	Educação em Espaços Não Escolares.
UFPI	Conhecimento relativo à gestão e à organização do trabalho pedagógico na Educação Formal e Não Formal.
UFRR	Fundamentos didático-pedagógicos — Gestão de espaços educativos escolares e não escolares.
UFT	Organização e gestão do trabalho pedagógico na Educação Escolar e Não Escolar (Núcleo de Estudos Básicos); Diversificação de estudos — Educação e Cultura Afro-brasileira, Educação Especial e Educação Não Escolar (Núcleo de Aprofundamento e Diversificação de Estudos).

Fonte: Elaboração própria (2014).

A tematização da ENE como objeto de formação nos currículos está, nessas instituições, articuladas aos eixos/dimensões apresentados. Porém, há PPCs que, sem apresentar eixos/dimensões específicas sobre ENE, objetivam que a formação do pedagogo deve contemplar, a partir de dispositivos curriculares gerais, o estudo e a prática dos processos educativos não escolares. Para tanto, disciplinas como Organização do Trabalho Pedagógico, Avaliação, Planejamento e Gestão, por exemplo, devem dispor de um enfoque mais amplo que contemple em seu escopo a tematização tanto da Educação Escolar quanto da ENE.

Exemplos desse modo de tematização da ENE no currículo são os PPCs da UFRJ, da UFAM e da USP. Os mesmos não apresentam eixos/dimensões curriculares para articular a ENE às disciplinas e atividades formativas, mas buscam instituir percursos que a contemplem na formação do pedagogo.

No próximo tópico serão exploradas as disciplinas e atividades formativas obrigatórias e as eletivas ofertadas nos currículos do curso de Pedagogia que buscam tematizar a ENE como objeto de formação e desenvolvimento de saberes profissionais. Tratou-se, portanto, de analisar o conteúdo dos PPCs a partir da categoria "ENE e saberes curriculares".

6. ENE e saberes curriculares: disciplinas e atividades formativas

Foram contabilizadas 1.487 disciplinas curriculares diferentes nos PPCs analisados. Elas correspondem às disciplinas teóricas, práticas, teórico-práticas, obrigatórias, eletivas e que se encaixam nos núcleos básicos, de aprofundamento e diversificação de estudos e de estudos integradores, incluindo os estágios curriculares. Como parte desse quantitativo total, foram mapeadas 35 disciplinas que, de modo específico, se dedicam ao estudo da ENE como objeto de formação e prática pedagógica, integrando um percentual de, aproximadamente, 2,3%. Essas disciplinas foram mapeadas a partir dos seguintes critérios: a) registrarem no título alguma referência a objetos ou campos da ENE; b) registrarem, na ementa, uma abordagem central sobre objetos ou campos da ENE. Junto a essas disciplinas mais específicas, foram mapeadas outras 11 disciplinas que, ainda que não se dediquem centralmente às abordagens sobre a ENE, a inserem de maneira tangencial no conteúdo de suas ementas. Como nem todos os PPCs apresentaram ementas das disciplinas, é possível que o número anteriormente informado possa ser maior. No quadro a seguir, são apresentadas as 35 disciplinas sobre ENE encontradas nos PPCs analisados.

Quadro 4
Disciplinas específicas sobre ENE nos cursos de Pedagogia

Instituição	Título da disciplina	Carga horária	Status no currículo
UFBA	Pedagogia Hospitalar	68 h	Optativa
UFC	Organização e gestão de espaços educativos não escolares	32 h	Obrigatória
UFC	Pedagogia Organizacional	64 h	Optativa
UFC	Pedagogia Hospitalar	64 h	Optativa
UFES	Pesquisa, extensão e prática pedagógica IV	105 h	Obrigatória
UFES	Pedagogia Social	60 h	Optativa
UFMS	Práticas pedagógicas em instituições não escolares	60 h	Obrigatória
UFMS	Trabalho docente e as instituições sociais escolares e não escolares	60 h	Obrigatória
UFPA	Pedagogia em organizações sociais	68 h	Obrigatória
UFPE	Processos formativos em espaços não escolares	60 h	Obrigatória
UFPE	Seminário educação em espaços não escolares	15 h	Obrigatória
UFPE	Gestão educacional em espaços não escolares	30 h	Optativa
UFPE	Políticas de educação não formal no Brasil	30 h	Optativa
UFPB	Teorias e práticas de educação popular	60 h	Optativa
UFPB	Educação Popular	60 h	Obrigatória
UFPB	Educação e movimentos sociais	60 h	Obrigatória

Continua →

➔ Quadro 4. Continuação

Instituição	Título da disciplina	Carga horária	Status no currículo
UFPI	Estágio Supervisionado I — Planejamento e gestão de instituições escolares e não escolares	60 h	Obrigatória
UFPI	Estágio Supervisionado II — Planejamento e gestão de instituições escolares e não escolares	60 h	Obrigatória
UFPI	Metodologias e contextos de ação pedagógica	60 h	Obrigatória
UFPR	Função social do pedagogo	30 h	Obrigatória
UFPR	O trabalho pedagógico em espaços não escolares	90 h	Obrigatória
UFPR	Educação especial na área não escolar	30 h	Optativa
UFRGS	Seminário Gestão da Educação: Espaços escolares e não escolares	90 h	Obrigatória
UFRJ	Prática de ensino e estágio supervisionado em gestão de processos educacionais	180 h	Obrigatória
UFRJ	Educação popular e movimentos sociais	60 h	Obrigatória
UFRJ	Pedagogia empresarial	45 h	Optativa
UFRJ	Educação em saúde	45 h	Optativa
UFRR	Fundamentos da educação em contexto não escolar	60 h	Obrigatória
UFT	Educação não escolar	NI	NI
UNIFAP	Educação e movimentos sociais	NI	Obrigatória
UNIR	Estágio supervisionado Atuação do Pedagogo	80 h	Obrigatória
UNIR	Educação, gênero, relações étnico-raciais e movimentos sociais	NI	NI
UFC	Educação e movimentos sociais	64 h	Optativa
UFC	Pedagogo: identidade e campo profissional	64 h	Optativa
UFMS	Estágio supervisionado em educação e trabalho	80 h	Obrigatória

*NI = Não informado.
Fonte: Elaboração própria (2014).

Como se pode perceber, as disciplinas sobre ENE ou inscritas em campos de ENE variam com relação a vários aspectos constitutivos, desde a natureza do seu escopo, oscilando entre os polos da fundamentação e de aplicação prática, quanto sua abordagem temática. Das 34 disciplinas específicas sobre ENE, 14 tratam de uma abordagem geral sobre os fundamentos das práticas pedagógicas não escolares e perspectivas conceituais relacionadas aos mesmos, 15 tematizam os campos específicos e modelos de intervenção em ENE e 5 dizem respeito às vivências práticas proporcionadas por estágios ou outras atividades formativas em ENE.

Quanto a sua alocação na estrutura de organização dos currículos, as disciplinas específicas obrigatórias localizam-se entre o segundo e o quinto período do curso e estão blocadas junto às disciplinas de fundamentação da educação e de organização do trabalho pedagógico (planejamento, avaliação, currículo etc.). As disciplinas optativas podem ser eleitas pelos estudantes em diferentes momentos do curso e, nesse sentido, não têm uma alocação definida no currículo.

As disciplinas específicas que tratam de perspectivas conceituais das práticas pedagógicas não escolares têm um conteúdo bastante variável e que demonstra certa imprecisão, pois consistem em componentes que pretendem sintetizar o diverso arcabouço teórico, fatores históricos e modelos de ação que envolvem as práticas educativas não escolares, as quais representam um campo extremamente plural de cenários e ações difíceis de serem organizados em uma disciplina de caráter geral.

Os aspectos positivos de disciplinas gerais sobre fundamentos e perspectivas conceituais envolvendo a ENE no currículo do curso de Pedagogia referem-se às iniciativas de introdução ou objetivação da discussão sobre a identidade do pedagogo e com relação às possibilidades de engajamento profissional que se constroem no movimento histórico contemporâneo de emergência de novos espaços de aprendizagem que requerem intervenções educativas profissionais.

As disciplinas que tematizam campos de atuação da Pedagogia em ENE abrangem as tendências correntes no Brasil de práticas educativas não formais em espaços não escolares, como a Pedagogia Social, Educação em Movimentos Sociais, Pedagogia Hospitalar e Pedagogia Organizacional/Empresarial. Enfocam, também, modelos de intervenção, a exemplo da Educação em Saúde, Educação Popular e Educação Especial. As ementas das disciplinas sobre os campos de atuação da Pedagogia em ENE demonstram uma evidente dispersão dos principais temas relativos aos mesmos. Além disso, naquelas em que há lista de bibliografia indicada, observou-se a carência de referências específicas que ofereçam subsídios para as discussões sobre cada campo.

Leva-se em consideração, ainda, a importância de organizar disciplinas práticas ou vivências para que os estudantes tenham a oportunidade de, no transcurso de sua formação inicial, participarem de experiências de inserção em processos educativos não escolares. Das disciplinas especificamente voltadas à ENE, há 06 que possuem esse caráter prático.

A UFES, por exemplo, oferta a disciplina de Pesquisa, Extensão e Prática Pedagógica IV, que prevê vivências e produção de conhecimento segundo os seguintes eixos temáticos: "[...] educação de pessoas e/ou grupos em situação de risco e/ou desvantagens socioeconômicas, configurando saberes/fazeres escolares, não escolares e extraescolares" (UFES, 2010, p. 10).

A tendência dessas disciplinas é a abertura de possibilidades para que os alunos se insiram e participem de atividades em diferentes campos de ENE em um único componente curricular, ao contrário do que acontece com o estágio e atividades de prática de ensino para a docência escolar, que, em geral, desdobra-se em vários componentes curriculares em série.

A organização das disciplinas de ENE nos currículos dos cursos de Pedagogia revela outro traço problemático. Trata-se do baixo nível de articulação vertical e horizontal dessas disciplinas com as demais disciplinas que integralizam os currículos. Ou seja, elas estão alocadas de modo disperso no currículo sem correlação direta com as demais disciplinas blocadas no mesmo período em que se encontram e com as dos períodos subsequentes e antecedentes.

Como consistem em disciplinas isoladas, não se relacionam com outros componentes que também focalizam a ENE e, portanto, tendem a funcionar como um momento pontual do curso em que se aborda temas cuja integração com os demais saberes formativos manifesta-se de modo incipiente, pois o currículo se integraliza, em grande medida, por disciplinas com foco na educação escolar. É fundamental que as disciplinas sobre ENE estejam relacionadas com o conjunto de componentes do currículo, a fim de que a abordagem da ENE são se resuma a uma simples descrição da dinâmica educativa nesses espaços e, assim, produz uma integração de saberes que promove o reconhecimento das dimensões teóricas e práticas do trabalho pedagógico não escolar em seus múltiplos nexos psicológicos, históricos, filosóficos, sociológicos, didáticos etc.

Para que essa integração ocorra, é necessário que as disciplinas do currículo do curso de Pedagogia, a partir de uma orientação de sentido mais ampla relativa às finalidades da formação de pedagogos para o ensino, a gestão e a pesquisa em contextos educacionais diversos, sigam uma diretriz que considere que o trabalho pedagógico não se resume à escola e, assim, passem a abordá-lo sob um ponto de vista mais abrangente.

Na esteira das questões que já foram abordadas nos tópicos anteriores, a ENE nos estágios também se revelou como uma incógnita no curso de Pedagogia, pois se trata de um objeto formativo mal explicitado e sem identidade definida. Esse modo de configuração deriva da ausência, nos PPCs, de referências sobre a ENE e seus campos e metodologias de ação que podem ser empreendidas por pedagogos em processos variados. Na realidade, nenhum dos PPCs analisados discorreu sobre o conceito de ENE nem especificou com clareza — como ocorre no caso dos processos escolares (sobre os quais o curso detém um amplo repertório de referências) — o espectro de processos e modelos metodológicos aos quais esse campo de atuação profissional do pedagogo está associado.

De modo específico, os dados contidos no quadro indicam que os cursos da UFPI, UFRR, UNIFAP, UNIR, UFMS, UFAL e UFC incluem a ENE como campo de estágio em disciplinas específicas. Ressalta-se que há PPCs que preveem que os estágios contemplem tanto a escola quanto espaços não escolares para a mediação da formação teórico-prática dos estudantes, contudo não inscrevem a ENE como campo de reflexões e práticas no estágio supervisionado, como é o caso dos documentos da UFBA, UFMT, UFPE, UFPR e USP. Os PPCs das demais instituições não declararam a ENE como campo de estágio e, em consequência, as disciplinas de estágio organizam-se em torno de experiências de inserção, participação e regência na escola.

Sem afirmar que o estágio seja necessariamente precedido por disciplinas teóricas, pois ele mesmo também é uma atividade teórica, mas reconhecendo a necessidade de que as disciplinas que o oportunizam estejam conectadas a um conjunto de outras disciplinas convergentes ao desenvolvimento de saberes profissionais, considera-se que os currículos precisam localizar os estágios em relação aos eixos e dimensões formativas que estabeleçam uma dinâmica orgânica de intersecção para além do esquema fundamentação-aplicação. Sem a necessária vinculação com o contexto geral de disciplinas do currículo, o estágio em ENE terá seu propósito desfocado e poderá ser um componente de saberes e práticas "anônimas" cuja órbita está fora do centro de gravidade que estabelece o curso de Pedagogia na base de finalidades, objetivos e diretrizes de funcionamento.

Outro desafio consistiu na conjugação de estágios em ENE e Educação Escolar em um mesmo componente curricular. Como estabelecer instrumentos organizadores desse estágio, pensando na diversidade de possibilidades que se abrem dada a conjugação desses dois campos? Qual o eixo central desse estágio? Não se tratam de questionamentos fáceis de serem respondidos, uma vez que se referem a uma problemática complexa que é o estabelecimento de diretrizes para tornar funcional a reunião de diferentes espaços de inserção dos estudantes de Pedagogia em uma mesma disciplina curricular.

Os PPCs evidenciam que, com efeito, a ENE não se configura, todavia, como um campo de estágio estabelecido no currículo do curso de Pedagogia, mas a representam como uma possibilidade ainda sem caráter específico em comparação com as diretrizes e instrumentos organizativos do estágio e prática de ensino nas escolas. Coadunados a pouca presença de disciplinas curriculares voltadas à ENE, os estágios no campo são definidos de maneira dispersa, profusa e sem referências específicas aos campos e aos saberes profissionais que lhe são relativos.

7. Considerações finais

As análises que performam este artigo referem-se a um quadro de dados que, embora sejam relativos a universidades públicas de diferentes estados brasileiros, demonstram limites quanto a sua abrangência ao conjunto plural de instituições de ensino superior no país. Considera-se que há elementos peculiares a instituições privadas que requerem atenção na problematização da formação de pedagogos para a ENE, especialmente. O problema formativo ganha outros contornos quando se observa que nessas instituições há tendências curriculares de maior compatibilização entre conteúdo de formação e demandas de mercado, implicando em configurações curriculares específicas.

Espaço de conflitos, arena de disputas entre tradições acadêmicas e embates teórico-metodológicos que chegam à atualidade como aspectos constitutivos de uma densa trama de discursos e práticas plurais, o currículo do curso de Pedagogia revela as ambivalências e antagonismos das posições que, historicamente, têm buscado incidir sob as características que devem ser preconizadas no desenvolvimento da formação inicial do pedagogo. Essas posições associam-se a diferentes compreensões sobre a natureza epistemológica da Pedagogia e com relação à lógica que deve presidir os processos formativos no curso: que concepção de profissional? Qual a base do currículo? Que conteúdos preconizar? Qual a forma mais apropriada de relacionar o curso às demandas contemporâneas do campo educacional? Qual o lugar do curso na sociedade? A emergência e relevância dessas questões demonstram que "[...] é incontestável a importância, a necessidade e a viabilidade do trabalho pedagógico, que se desenvolve em diferentes contextos, contribuindo para o encaminhamento de diferentes processos educativos e afirmando, sim, um domínio próprio da Pedagogia" (Cruz, 2011, p. 198).

O desafio de instituir saberes curriculares sobre e para a ENE no curso de Pedagogia configura-se como um processo complexo que requer a construção de repertório de recursos conceituais e metodológicos, concebidos, articulados e mobilizados com base no significado epistemológico da Pedagogia como Ciência da Educação, e, como desdobramento, a introdução de dispositivos curriculares (disciplinas, eixos, dimensões, módulos e outras atividades formativas) que demarquem o lugar da discussão e da experiência formativa em ambientes não escolares na formação inicial de pedagogos. Na realidade, trata-se de investir, no âmbito dos documentos curriculares e da cultura institucional dos cursos, na crítica aos modos de concepção dos objetivos e dos objetos de formação pedagógica, a fim de que a reflexão mais aprofundada de cunho epistemológico aliada ao reconhecimento contextual de demandas educativas emergentes na sociedade contemporânea e amplie o horizonte de saberes e práticas formativas no qual o curso de Pedagogia se situa.

Os documentos curriculares analisados revelam uma situação preocupante e que se arrasta por anos no curso de Pedagogia: as controvérsias da docência como base de formação. A formação de professores para a Educação Infantil e Anos Iniciais do Ensino Fundamental é uma demanda histórica que responde a desafios da profissionalização de docentes em nível superior. Por isso mesmo, a absorção dessa finalidade pelo curso de Pedagogia é uma atitude necessária e indiscutivelmente relevante. Evidentemente, as urgências educativas relacionadas à escola e à docência que preocupam gestores das políticas de educação, intelectuais do campo e sociedade, em geral, tenham pautado a concepção de que a finalidade do curso é, *a priori*, a formação de professores, ofuscando outras dimensões que, historicamente, a Pedagogia já comportava, e novas atribuições que apareceram na esteira do desenvolvimento dos processos educativos não escolares. A provocação de Libâneo parece ser pertinente quando o autor pontua que, com relação ao curso de Pedagogia,

> Os problemas e dilemas continuam, persistem velhos preconceitos, mantém-se apego a teses ultrapassadas, às vezes com o frágil argumento de que são conquistas históricas. É o que se pode ver, por exemplo, na insistência em temas como: a docência como base da identidade profissional de todo educador [...] (2001, p. 17).

O ponto crítico não parece estar no fato de o curso destinar-se à formação de professores, mas sim na lógica implícita nos documentos de que essa formação estaria também permitindo o desenvolvimento de saberes profissionais voltados às práticas em ENE. O que se observou no conjunto dos documentos analisados foi que, embora declarem a intenção de contemplar o eixo formativo para outros campos em que sejam requeridos conhecimento pedagógico, os PPCs, reproduzindo a lógica das DCNs, não expressam uma inserção efetiva da ENE nos currículos de formação inicial do pedagogo.

Os dados apontam, claramente, a necessidade de reorientação do currículo para a formação de pedagogos em ENE, cuja legitimidade não implica abrir mão da formação de professores no curso de Pedagogia, que também tem suas problemáticas, urgências e prioridades. Indicou-se que essa reorientação significa incluir um eixo ou dimensão mais substancial com disciplinas teórico-práticas específicas, assim como ajustar o foco formativo de outras disciplinas que possuem caráter geral, como os fundamentos da Educação e as de organização do trabalho pedagógico (didática, planejamento, avaliação, gestão etc.), a fim de que possam incluir teorizações da Educação em um sentido amplo e não somente no plano escolar. Com efeito, o aprofundamento de estudos em uma área específica da ENE ficará a cargo da formação no âmbito da Pós-graduação. Contudo, o reconhecimento em nível básico e geral sobre possibilidades e demandas de intervenção profissional em ENE precisa ser privilegiado como dimensão constitutiva dos currículos de formação inicial. Essa é uma forma de atender, ainda, expectativas de pessoas que ingressam no curso com o desejo de atuarem em segmentos da profissão pedagógica distintos do que o pedagogo exerce nas instituições de educação formal.

Necessariamente, a busca por alternativas para qualificar o processo de construção e desenvolvimento curricular no curso de Pedagogia envolve um sério e rigoroso balanço dos desafios e possibilidades de formação de pedagogos para a educação escolar e não escolar nessa primeira década de vigência das atuais DCNs, abrindo espaços de reflexão crítica e criativa que superem as cisões entre docência, gestão e pesquisa, educação formal e não formal, sustentadas, em grande parte, pela falta de discussão sobre os estatutos da Pedagogia como campo de conhecimento e como campo de práticas profissionais.

Referências

BARDIN, Laurence. *Análise de conteúdo*. Lisboa: Edições 70, 2010.

BRASIL. Ministério da Educação. Conselho Nacional de Educação. Diretrizes Curriculares Nacionais para o curso de Graduação em Pedagogia. *Resolução n. 1 de 15 de maio de 2006*. Brasília: MEC, 2006.

CRUZ, Giseli Barreto. *Curso de pedagogia no Brasil:* história e formação com pedagogos primordiais. Rio de Janeiro: Wak Editora, 2011.

FERNÁNDEZ, Florentino Sanz. *El aprendizaje fuera de la escuela:* tradición del pasado y desafío para el futuro. Madrid: Ediciones Académicas, 2006.

FRANCO, Maria Amélia Santoro. Para um currículo de formação de pedagogos. In: PIMENTA, Selma Garrido (Org.). *Pedagogia e pedagogos:* caminhos e perspectivas. São Paulo: Cortez, 2002.

______. *Pedagogia como ciência da educação*. 2. ed. São Paulo: Cortez, 2008.

GOHN, Maria da Gloria. *Educação não-formal e o educador social:* atuação e desenvolvimento de projetos sociais. São Paulo: Cortez, 2010.

HOUSSAYE, Jean. Para uma definição da pedagogia. In: HOUSSAYE, Jean; SOËTARD, Michel; HAMELINE, Daniel; FABRE, Michel. *Manifesto a favor dos pedagogos*. Porto Alegre: Artmed, 2004.

LARROSA, Jorge. *El trabajo epistemológico en pedagogía*. Barcelona: PPU, 1990.

LIBÂNEO, José Carlos. Formação de profissionais da educação — visão crítica e perspectiva de mudança. *Educação e Sociedade,* Goiânia, p. 237-277, 1999.

______. *Pedagogia e pedagogos, para quê?* 4. ed. São Paulo: Cortez, 2001.

______. Ainda as perguntas: o que é pedagogia, quem é o pedagogo e o que deve ser o curso de pedagogia. In: PIMENTA, Selma Garrido (Org.). *Pedagogia e pedagogos:* caminhos e perspectivas. São Paulo: Cortez, 2002.

______. Diretrizes Curriculares da Pedagogia: imprecisões teóricas e concepção estreita da formação profissional de educadores. *Educação e Sociedade,* v. 27, p. 843-876, 2006.

______. PIMENTA, Selma Garrido. Formação de profissionais da educação: visão crítica e perspectivas de mudança. In: PIMENTA, Selma Garrido (Org.). *Pedagogia e pedagogos:* caminhos e perspectivas. São Paulo: Cortez, 2002.

MEIRIEU, Philippe. *A pedagogia entre o dizer e o fazer:* a coragem de começar. Porto Alegre: Artmed, 2008.

PÉREZ SERRANO, Gloria. *Pedagogía Social — Educación Social:* construcción científica e intervención práctica. 3. ed. Madrid: Narcea S. A. de Ediciones, 2009.

PIMENTA, Selma Garrido. Para uma re-significação da didática — ciências da educação, pedagogia e didática (uma revisão conceitual e uma síntese provisória). In: PIMENTA, Selma Garrido (Org.). *Didática e formação de professores:* percursos e perspectivas no Brasil e em Portugal. 3. ed. São Paulo: Cortez, 2000.

______. (Org.). *Pedagogia e pedagogos:* caminhos e perspectivas. São Paulo: Cortez, 2002.

______. Epistemologia da prática ressignificando a didática. In: FRANCO, Maria Amélia Santoro; PIMENTA, Selma Garrido (Orgs.). *Didática:* embates contemporâneos. São Paulo: Edições Loyola, 2010.

PINTO, Umberto de Andrade. *Pedagogia e pedagogos escolares.* Tese (Doutorado em Educação). Faculdade de Educação, Universidade de São Paulo, São Paulo, 2006.

RUBIO, Rogelio Medina; ARETIO, Lorenzo García; CORBELLA, Marta Ruiz. *Teoría de la educación — educación social.* Madrid: Universidad Nacional de Educación a Distancia, 2008.

SAVIANI, Demerval. *A pedagogia no Brasil:* história e teoria. Campinas, SP: Autores Associados, 2008.

SCHMIED-KOWARZIK, Wolfdietrich. *Pedagogia dialética:* de Aristóteles a Paulo Freire. São Paulo: Brasiliense, 1988.

SOËTARD, Michel. Ciência(s) da educação ou sentido da educação? A saída pedagógica. In: HOUSSAYE, Jean; SOËTARD, Michel; HAMELINE, Daniel; FABRE, Michel. *Manifesto a favor dos pedagogos.* Porto Alegre: Artmed, 2004.

CAPÍTULO 6

Graduação em Pedagogia: apontamentos para um curso de Bacharelado*

Umberto de Andrade Pinto

Desde 2006, com a promulgação das Diretrizes Curriculares Nacionais (DCNs) para o curso de Graduação em Pedagogia, e principalmente à medida que se foram formando suas primeiras turmas, intensifica-se o debate sobre a viabilidade desse curso efetivamente contemplar a formação integral do pedagogo para atuar em todas as áreas previstas nessa legislação.

Este estudo tem por objetivo contribuir com esse debate, propondo a criação de um curso de Bacharelado em Pedagogia, uma vez que as atuais diretrizes estão centralizadas no curso de Licenciatura. Para tanto, o artigo recupera a trajetória histórica do curso de Pedagogia no país, analisa a pedagogia como campo de conhecimento, aponta as distorções e as fragilidades das DCNs, e apresenta alguns indicativos para um curso de Bacharelado.

---

* Uma versão preliminar deste artigo foi apresentada no XVI Encontro Nacional de Didática e Práticas de Ensino/ENDIPE 2012.

1. A constituição do curso de Pedagogia no Brasil

O surgimento do curso de Pedagogia no país tem marco oficial em 1939 com a publicação do Decreto-Lei n. 1.190, que organiza a Faculdade Nacional de Filosofia, Ciências e Letras em quatro seções fundamentais (Filosofia, Ciências, Letras e Pedagogia) e uma seção especial (Didática). Por meio desse decreto, instituiu-se o esquema chamado de 3+1 nos cursos de formação de professores para o nível médio de ensino, incluindo a Pedagogia, que tem seu currículo pleno estabelecido nesse mesmo dispositivo.

O esquema 3+1 constituía-se de três anos de estudos na área de Filosofia, Ciências, Letras e Pedagogia — o que iria conferir ao concluinte o título de bacharel, seguido de mais um ano de estudo na seção especial (Didática) que lhe conferiria o título de licenciado para o exercício docente.

Os três anos de bacharelado em Pedagogia formavam o técnico em educação cujas funções eram indefinidas, além de não ter legalmente garantido seu campo de trabalho no sistema de ensino. Com mais um ano de licenciatura, o aluno estava habilitado a lecionar as disciplinas pedagógicas no curso Normal, que formava os professores para o ensino elementar.

O esquema 3+1, ou seja, primeiro o Bacharelado com três anos de duração, depois a Licenciatura com um ano apenas, evidenciava a prioridade na formação do bacharel. A Licenciatura figurava nesse esquema como um apêndice do Bacharelado. Depois de garantida sua profissionalização (bacharel), o aluno tinha a oportunidade de obter mais um título (licenciado) e, se tivesse interesse, tinha em aberto a possibilidade de lecionar. Essa situação ilustra a precariedade em torno da concepção do profissional de ensino por parte das políticas educacionais no Brasil, sempre manifesta nas legislações que regulamentaram os cursos superiores de formação de educadores. Ou seja, a prioridade em torno da formação do bacharel, e a formação docente ocorrendo quase que por decorrência natural daquela primeira formação.

Uma vez que o *técnico em educação* não tinha delimitado o seu campo de atuação profissional, o concluinte desse curso encontrava na regência de aulas a única alternativa de trabalho e, mesmo aí, sua atuação era reduzida às disciplinas pedagógicas do curso Normal, uma vez que a Pedagogia não tinha um conteúdo específico como ocorria nas demais áreas da Faculdade Nacional de Filosofia, Ciências e Letras.

Com o Decreto-Lei n. 8.530, de 02/01/46, Lei Orgânica do Ensino Normal, o pedagogo ainda passa a concorrer com outros professores para lecionar nesse próprio ramo de ensino, pois por meio dessa legislação (novamente inconsistente em torno da questão da formação do profissional para o ensino), exigia-se do professor apenas uma "conveniente formação em cursos apropriados, em regra, de ensino superior", abrindo espaço, portanto, para licenciados de qualquer área. A saída encontrada posteriormente (em 1954) para minimizar a problemática do campo de trabalho do pedagogo foi conceder-lhe registro docente em Filosofia, História Geral, História do Brasil e Matemática, disciplinas, no dizer de Chagas (1976), escolhidas mais ou menos ao acaso e para as quais o habilitado não estava devidamente preparado. Esse direito, garantido pela Portaria Ministerial n. 478/54, perdurou até 1965, quando entra em vigor a Portaria n. 341/65.

No curso de Didática, das seis disciplinas (Didática Geral, Didática Especial, Psicologia Educacional, Administração Escolar, Fundamentos Biológicos da Educação e Fundamentos Sociológicos da Educação) que compunham sua grade curricular, somente duas (Didática Geral e Didática Especial) não estavam previstas no currículo do curso de Pedagogia, o que evidenciava o forjamento da sobreposição de dois cursos com a mesma temática. É assim que Chagas (1976, p. 59) refere-se ao surgimento de uma esdrúxula Didática da Pedagogia:

> Embora o curso de Pedagogia já fosse, em última análise, o curso de Didática desenvolvido em maior profundidade, não se deixou mesmo assim de manter este último.

O currículo do Bacharelado em Pedagogia caracterizava um *generalismo* que expressava a própria imprecisão da proposta do curso.

O *técnico em educação* adquiria o direito de candidatar-se às vagas oferecidas pelo Ministério da Educação, porém o próprio Ministério não definira as funções que esse profissional generalista poderia assumir.

Assim, constatamos que o curso de Pedagogia, criado em 1939, ao longo de 30 anos formou profissionais sem um perfil definido, uma vez que o próprio curso não tinha clareza de que demanda ocupacional procurava atender com a formação do técnico em educação, cujas funções não foram definidas, e nem sua absorção pelo sistema de ensino estava legalmente prevista. Restava ao concluinte desse curso a opção de lecionar — após frequentar por mais um ano o curso de Didática — as disciplinas pedagógicas do curso Normal.

2. O modelo das habilitações

Em 1969, o Parecer n. 252/69 do Conselho Federal de Educação regulamenta o curso de Pedagogia de acordo com os princípios da Lei n. 5.540/68 — a Lei da Reforma Universitária — que juntamente com a Lei n. 5.692/71 reorganiza o ensino brasileiro, adequando-o ao regime decorrente do golpe militar de 1964. Esse Parecer muda estruturalmente o curso de Pedagogia, introduzindo um núcleo de formação básica e uma parte diversificada em habilitações específicas para a formação de alguns profissionais não docentes da área do magistério, que passam a ser chamados de *especialistas da educação*. São eles os profissionais responsáveis pelas especialidades que já se haviam firmado, a partir dos anos 1930, no meio educacional brasileiro (orientação educacional, supervisão, administração e inspeção escolar), com cursos específicos oferecidos em outros espaços formativos. Além da formação desses especialistas da Educação, o Parecer previa também uma habilitação para formar o professor das disciplinas e atividades práticas do curso Normal, que passou a ser conhecida como *Habilitação Magistério das Matérias Pedagógicas do 2º Grau*. O Parecer n. 252 previa ainda a criação de outras habilitações desde que as instituições as julgassem necessárias. Assim reformulado, o curso de

Pedagogia passou a formar os especialistas de ensino, além de formar o professor que lecionaria em nível médio na formação de professores para o início da escolarização. Esse Parecer perdura como referência legal para a organização dos cursos de Pedagogia até 2006, quando são promulgadas suas atuais Diretrizes.

O que podemos constatar ao longo desse longo período, de 1939 (ano de criação do curso) até 2006 (ano de promulgação das DCNs), é a centralidade do curso de Pedagogia em torno do Bacharelado, ou seja, na formação de profissionais para atuar fora da sala de aula. A licenciatura aparece de forma secundária, reduzida à formação dos professores que atuariam inicialmente no Curso Normal, e depois no curso de Habilitação do Magistério de 2° grau, formando os professores para os anos iniciais do ensino elementar.

As críticas direcionadas à organização do curso de Pedagogia, de acordo com o Parecer n. 252/1969, foram se acumulando ao longo de quase 40 anos em que vigorou esse Parecer. Tratavam principalmente da fragmentação na formação do pedagogo, marcada por uma concepção tecnicista de educação — vigente em todo período militar — que transferiria para o interior da escola a divisão técnica do trabalho pedagógico e se consubstanciava na atuação dos especialistas de ensino (Pinto, 2011).

Acompanhando essas críticas, um longo, intenso e profícuo movimento de pesquisadores e professores da área, liderado pela Associação Nacional pela Formação dos Profissionais da Educação (ANFOPE), alimentou os debates sobre as mudanças necessárias no curso e exerceu forte influência na tramitação das diferentes propostas para as DCNs. Embora as propostas não fossem consensuais entre os pesquisadores (Libâneo, 2011), há de se destacar o avanço político com a promulgação das DCNs no que se refere ao poder de interferência dos educadores no Ministério da Educação (MEC). As legislações anteriores foram produzidas em contextos históricos diferentes, de um mesmo estado autoritário, que alijava a participação dos educadores diretamente envolvidos com a área, o que não ocorreu com a legislação atual. O protagonismo das entidades científicas da área foi tão intenso, que a promulgação dessas DCNs foram as últimas a serem definidas entre todos os cursos de graduação do país, que atendiam às exigências decorrentes da Lei de Diretrizes e Bases da Educação Nacional (LDB) de 1996.

No que se refere às divergências entre os pesquisadores nas propostas das DCNs em curso na época, as críticas de Libâneo e Pimenta (1999) questionavam centralmente as concepções epistemológicas de pedagogia que embasavam as diferentes propostas do curso, o que, segundo os autores, teria sido um debate negligenciado no interior do movimento liderado pela ANFOPE, assim como a defesa da docência como base de formação do pedagogo — princípio defendido pelo Movimento e instituído com as atuais DCNs do curso — por ser um princípio reducionista, tanto no entendimento epistemológico da pedagogia quanto em relação ao campo de atuação do egresso do curso.

Em acordo com os autores anteriormente citados — no que se refere à necessidade de aprofundar o entendimento da pedagogia como campo de conhecimento — trataremos a seguir dessa temática, certos de que este estudo é necessário para referenciar novas propostas estruturais do curso. Entretanto, cabe destacar que, embora cada curso de Graduação expresse determinada concepção científica da área, nunca contemplará todo o conhecimento produzido em tal área, embora evidencie os conhecimentos que estão sendo privilegiados em sua organização.

3. A Pedagogia como campo de conhecimento

A discussão epistemológica da Pedagogia deve ser fulcral para se pensar em um curso de nível superior que leve o seu nome, pois, embora pareça óbvio, nem sempre essa discussão é levada para o interior dos cursos. Muitas vezes, o próprio aluno do curso de Pedagogia não tem clareza da complexidade do seu objeto de estudo, assim como do seu estatuto de cientificidade.

O debate em torno da cientificidade da Pedagogia já vem de longa data, alimentado pelo desconforto em identificá-la como ciência, tal como essa se manifesta nos moldes do pensamento moderno. O fator fundamental e determinante desse desconforto assenta-se no fato do seu objeto de estudo — a Educação — além de ser um fenômeno multideterminado, que implica necessariamente em uma abordagem interdisciplinar, ser sobretudo um evento prático.

Em outro estudo, Pinto (2011a), a partir das contribuições de Schmied-Kowarzick (1988), Pimenta (2011), Libâneo (1999) e Franco (2008), busco ampliar o entendimento da Pedagogia como ciência, propondo sua identificação como campo de conhecimento, justamente para contemplar essas suas duas características peculiares: objeto de estudo multideterminado e de caráter prático.

Partimos do princípio que a Pedagogia, enquanto teoria da Educação, tem uma importância incontestável na orientação da prática educativa. Considera-se também que sua constituição teórica apresenta-se marcada por elevados níveis de complexidade e precariedade, quando compreendida como ciência *da* prática e *para* a prática. Assim, o que se propõe é identificar a Pedagogia como *campo de conhecimento sobre* e *na* Educação. *Campo de conhecimento* porque a prática pedagógica não se expressa somente por teorias científicas, na medida em que envolve outras formas e outros tipos de conhecimentos. A Pedagogia, além de se constituir por uma abordagem transdisciplinar do real educativo, ao articular as teorias das diferentes ciências que lhe dão sustentação direta ou indireta (psicologia, sociologia, história, biologia, antropologia, neurologia etc.), constitui-se, ao mesmo tempo, por uma abordagem "pluricognoscível" ao ser expressão das diferentes formas e de diferentes tipos de conhecimento: do científico, do senso comum, da estética, da ética e da política, da empiria, da etnociência. *Sobre a Educação,* por teorizar e sistematizar as práticas educativas produzidas historicamente na articulação de diferentes saberes que orientam essas práticas, assim como aqueles produzidos tacitamente no movimento dessas mesmas práticas. *Na Educação,* ao se materializar nas práticas educativas que são fundantes para a articulação de todos os conhecimentos produzidos nas ações dos educadores, no âmago da atividade prática. Assim, a Pedagogia, como campo de conhecimento prático, conjuga e é constituída por essas diferentes formas e tipos de conhecimentos sob a mediação filosófica da ética e da política. É a partir dos princípios éticos e políticos que ocorre a seleção e a articulação dos saberes científicos, dos saberes da experiência, dos saberes do senso comum pedagógico, sob o primado da reflexão filosófica.

Mais do que considerar que esses diferentes tipos e formas de conhecimento estão presentes no trato pedagógico, o que se pretende destacar é que eles devem ser entendidos como constituintes da própria pedagogia enquanto campo de conhecimento. Expurgá-los é inviabilizar a possibilidade da Pedagogia como ciência da prática e para a prática. Para reduzir-se às teorias científicas, ela deveria eliminar os demais conhecimentos mobilizados pelo agente educativo na atividade prática, e, com isso, deixaria de ser ciência prática, equiparando-se às demais ciências descritivas.

A necessidade da ampliação do conceito de Pedagogia justifica-se também pela própria mudança em relação à docência. Considerando que a Pedagogia desenvolveu-se historicamente a partir do ensino — enquanto expressão mais bem acabada das práticas educacionais — esse se constitui o cerne daquela. Assim, a ampliação do entendimento do exercício da docência, como vem ocorrendo, em especial a partir da década de 1990, implica em revisitar o próprio conceito de Pedagogia. Nessas três últimas décadas, os estudos em torno da prática docente têm enfatizado e valorizado cada vez mais os saberes experienciais produzidos pelos professores em diferentes contextos educacionais. Cada vez mais, esses estudos têm rechaçado a ideia de uma docência prescritiva, e vêm apontando a necessidade de examinar criticamente a prática docente como resultado da combinação de um conjunto de saberes articulados em movimento nos contextos específicos em que ocorrem (Pimenta, 1999; Pinto, 2015; Tardif, 2002).

Enquanto campo de conhecimento prático, a Pedagogia sempre manifestou diversos saberes que nunca se reduziram às teorias científicas depuradas. Suas definições clássicas já contemplavam sua abrangência teórica para além do conhecimento científico ao ser tratada como arte. O fato de identificar esses diferentes saberes ou, melhor ainda, admiti-los como saberes constituintes da Pedagogia, é afastar o que a cobre sob o manto da racionalidade técnica e do cientificismo, que, contraditoriamente, foi o que sempre alimentou a contestação do seu próprio estatuto de cientificidade. Como argumenta Rios (2003, p. 45):

> É preciso resgatar o sentido da razão que, como característica diferenciadora da humanidade, só ganha sua significação na articulação com todos os demais "instrumentos" com os quais o ser humano se relaciona com o mundo e com os outros — os sentidos, os sentimentos, a memória, a imaginação.

Todos esses elementos estão presentes na ação educativa e, por extensão, na Pedagogia, à medida que a entendemos como um campo de conhecimento prático. Franco (2008), ao reivindicar a Pedagogia como ciência da educação, considera a necessidade de ampliar o "sentido de ciência, considerando novos pressupostos epistêmicos, compatíveis com a essencialidade do fenômeno educativo delimitado como objeto" (p. 76) e de "partir de uma nova dimensionalidade à questão de sentido do científico; [...] superar os limites impostos pela racionalidade moderna e adentrar em pressupostos que contemplem a dialeticidade e a complexidade inerentes ao objeto em questão" (p. 77).

Adentrar em pressupostos que contemplam a dialética e a complexidade do objeto de estudo da Pedagogia implica ampliá-la enquanto campo de conhecimento a partir dos seus componentes científicos, submetidos à vigilância rigorosa da ética e da política. Por outro lado, considerar a singularidade das situações de ensino que são marcadas pela subjetividade humana não inviabiliza a Pedagogia como ciência, se a entendemos como uma forma de conhecimento que se caracteriza por formulações universais. Como argumenta Libâneo (2000, p. 81):

> Quanto à singularidade dos fenômenos humanos, ela existe; mas isso não impossibilita a ocorrência de regularidades que possam gerar leis explicativas, por mais que tais leis, no caso da educação, não impliquem uma predição exata de prescrições ou aplicações absolutamente objetivas.

Ou seja, na singularidade da situação de ensino, o saber da experiência é produzido por uma prática mediada por leis explicativas e "universais", e, se toda atividade prática tem referência teórica multiconstituída em elementos de diferentes procedências, consequentemente não ocorre nessa atividade a transferência pura e integral de teorias sistematizadas previamente. De acordo com Franco (2003, p. 85), cabe à Pedagogia transformar:

> [...] o senso comum pedagógico, a arte intuitiva presente na práxis, em atos científicos, sob a luz de valores educacionais, garantidos como relevantes socialmente, em uma comunidade social. Seu campo de conhecimentos será formado pela intersecção entre os saberes interrogantes das práticas, os saberes dialogantes das intencionalidades da práxis e os saberes que respondem às indagações reflexivas formuladas por essas práxis.

Saviani (1985), na introdução do clássico *Educação: do senso comum à consciência filosófica*, desenvolve detalhadamente o papel da reflexão filosófica na formação dos educadores no contexto de transformação radical da sociedade. Justifica que o título do livro expressa sua intenção em contribuir com a elevação da "prática educativa desenvolvida pelos educadores brasileiros do nível do senso comum ao nível da consciência filosófica" (p. 10). Trabalha com o conceito gramsciano de senso comum para explicar que: "[...] passar do senso comum à consciência filosófica significa passar de uma concepção fragmentária, incoerente, desarticulada, implícita, degradada, mecânica, passiva e simplista a uma concepção unitária, coerente, articulada, explícita, original, intencional, ativa e cultivada" (Saviani, 1985, p. 10).

Daí a importância de se atribuir à reflexão filosófica a articulação e a seleção dos diferentes saberes que integram o conhecimento pedagógico. Do mesmo modo que Saviani relaciona os conceitos de "senso comum" e "bom senso" (p. 11), podemos dizer que a reflexão filosófica possibilita trabalhar o senso comum pedagógico de modo a extrair dele as experiências válidas (o bom senso) e dar-lhes expressão elaborada com vistas à formulação de uma prática educativa transformadora.

No âmbito do objeto de estudo deste artigo — o curso de Pedagogia a partir das DCNs de 2006 — retomar o debate em torno da questão epistemológica da Pedagogia torna-se fundamental por estar relacionado diretamente a duas questões nucleares da atual estruturação do curso. Primeiro, à medida que o curso está centralizado em torno da docência nos anos iniciais da educação básica, como veremos mais à frente, ele praticamente não incorpora as práticas pedagógicas que ocorrem nas escolas fora da sala de aula, assim como as práticas docentes desenvolvidas do 6º ano em diante do Ensino Fundamental e no Ensino Médio. Segundo, por não incorporar as práticas pedagógicas que ocorrem em espaços não escolares.

4. Diretrizes Curriculares Nacionais do curso de Pedagogia: distorções nos processos formativos de pedagogos

A promulgação das DCNs do curso de Pedagogia, em 2006, contemplou basicamente a maioria das reivindicações do movimento dos educadores, centralizando a formação do pedagogo em torno da docência nos Anos Iniciais da Educação Básica.

Assim, o curso de Pedagogia que, nos marcos legais anteriores (desde sua criação em 1939 até 2006), embora contemplasse o preparo de professores, firmava sua centralidade na formação do profissional para atuar fora da sala de aula (Bacharelado). De modo diferente, a partir das DCNs, o curso passa a centralizar a formação do pedagogo na docência dos Anos Iniciais da Educação Básica (Licenciatura).

Em outro estudo (Pinto, 2011b) analiso a distorção ocorrida no princípio defendido pelo movimento dos educadores — da *docência como base de formação do educador* — ter sido reduzida à docência na Educação Infantil e Anos Iniciais do Ensino Fundamental. Analiso, também, nesse mesmo estudo, as confluências históricas que direcionaram a formação dos professores dos Anos Iniciais da Educação Básica para o interior do curso de Pedagogia.

A decorrência da primeira distorção anteriormente citada foi o curso de Pedagogia, ao atender às exigências das DCNs, não contemplar a formação do pedagogo escolar para os professores dos anos finais do Ensino Fundamental e do Ensino Médio. A formação inicial desses professores — que ocorre nas demais licenciaturas — como se sabe, é extremamente frágil no campo dos saberes didático-pedagógicos. Nesses cursos, a quase totalidade da carga horária é voltada aos conhecimentos específicos de suas respectivas áreas. Desse modo, o professor que leciona do sexto ano em diante do Ensino Fundamental e/ou no Ensino Médio, com uma formação pedagógica já em sua origem deficitária, ainda ficou excluído do curso de Pedagogia, sem o direito de habilitar-se para atuar no campo da gestão educacional nas mesmas condições formativas dos professores dos anos iniciais. Entendo que esse é um dos maiores equívocos das DCNs do curso de Pedagogia. Os professores dos anos finais da Educação Básica têm o direito de uma formação pedagógica para atuarem na gestão educacional igual a que é oferecida aos professores dos anos iniciais. Eles devem ter o direito de uma formação pedagógica no âmbito dos cursos de Pedagogia para efetivamente habilitarem-se às áreas de atuação do pedagogo escolar (Pinto, 2011). O que temos constatado frequentemente são muitos professores ingressarem no curso de Pedagogia, como uma segunda graduação, para garantirem legalmente o direito de trabalharem no campo da gestão educacional. Essa alternativa não é a ideal. Eles ficam obrigados a se formarem na docência dos anos iniciais de escolarização para terem acesso à área da gestão educacional! Caso contrário, a alternativa legal prevista na LDB n. 9.394/1996, é frequentarem cursos de Especialização, oferecidos em nível de Pós-graduação. Entretanto, entendo que esses cursos não garantem uma *isonomia* em termos de formação profissional aos educadores da Educação Básica. Nesses, a carga horária é bem menor que a dos cursos de Pedagogia, e, via de regra, oferecem somente disciplinas específicas da área de gestão educacional, subtraindo da formação do futuro pedagogo escolar um repertório mais sólido e amplo no campo pedagógico.

Uma segunda distorção das atuais DCNs é atrelar a formação do pedagogo para atuar em espaços não escolares à docência dos anos iniciais da Educação Básica. É crescente o número de alunos que procuram pelo curso de Pedagogia interessados no trabalho desenvolvido por educadores nos diversos espaços educativos que se ampliam na sociedade contemporânea (hospitais, ONGs, empresas, mídias, movimentos sociais, animação cultural e de lazer etc.), assim como também aumentam as demandas dessas instituições não escolares pelo trabalho dos pedagogos. Do mesmo modo como foi argumentado anteriormente, não é ideal o aluno ter que se formar na docência dos Anos Iniciais para ter acesso a essa área de atuação. Além do fato de que, embora previsto nas DCNs, os projetos pedagógicos dos cursos praticamente não tratam desse campo de trabalho do pedagogo. Em pesquisa empreendida por Gatti e Nunes (2009), ainda que os dados coletados correspondam ao período de implantação das DCNs, apenas 5% do conjunto das disciplinas e/ou da carga horária dos cursos de Pedagogia no país tratavam da atuação do pedagogo em contextos não escolares.

Embora se identifique essas distorções nas DCNs do curso de Pedagogia, é importante destacar e reconhecer o grande avanço obtido com a formação dos professores para atuarem nos Anos Iniciais da Educação Básica. Trata-se de um avanço político inquestionável num país de tradição histórica extremamente elitista no campo educacional. Elevar a formação dos professores que lecionam na Educação Infantil e nos Anos Iniciais do Ensino Fundamental, do nível médio para o nível superior, ***tem*** que implicar em avanços nesses processos formativos, de modo que efetivamente contribuam com as aprendizagens das crianças pequenas provenientes das classes populares.

5. Diretrizes Curriculares Nacionais do curso de Pedagogia: uma Licenciatura com fragilidades

Entretanto, uma questão fundamental a ser debatida é se atualmente o curso de Pedagogia que secundariza a formação do *pedagogo* para priorizar a formação do *professor* dos Anos Iniciais da Educação Básica o tem feito com competência. Dois estudos (Gatti; Nunes, 2009; Libâneo, 2010) demonstram fragilidades na formação desse professor no que se refere ao domínio dos conteúdos específicos das diferentes áreas do conhecimento. A seguir, analisarei a problemática apontada nesses estudos com a intenção de defender que o curso de Licenciatura em Pedagogia fique efetivamente centrado *exclusivamente* na formação desses professores, deixando a formação do *pedagogo* para outras estruturas organizacionais dos cursos de Pedagogia. Cabe esclarecer que utilizo o termo *pedagogo* para me referir ao profissional formado no curso de Pedagogia para atuar no campo pedagógico para além da sala de aula. Assim, no meu entendimento, atualmente, o curso tem formado *professores* e, de modo marginal, o pedagogo. O professor José Carlos Libâneo tem utilizado a expressão "pedagogo *stricto sensu*" para se referir ao pedagogo que atua nas áreas educacionais que o identifica como tal. Quando o pedagogo está lecionando, sua identidade é a docência, portanto, nesse espaço, ele é *professor*. Desse modo, entendo que a identidade profissional do *pedagogo* está na sua atuação em outros espaços educacionais — escolares ou não, mas para além da docência.

A fragilidade maior identificada na formação dos professores dos anos iniciais da educação básica no âmbito do curso de Pedagogia, conforme os estudos de Gatti e Nunes (2009) e de Libâneo (2011) trata-se do domínio aprofundado, articulado e contextualizado dos conhecimentos específicos das áreas de Língua Portuguesa, História, Geografia, Arte, Matemática, Educação Física e Ciências Naturais.

A pesquisa de Gatti e Nunes (2009), ao analisar a carga horária dos cursos de Pedagogia, classifica suas disciplinas em sete categorias, a saber: fundamentos teóricos da Educação, conhecimentos relativos aos sistemas educacionais, conhecimentos relativos à formação profissional específica, conhecimentos relativos à modalidade e nível de ensino específico, outros saberes, pesquisa e trabalho de conclusão de curso (TCC) e atividades complementares. Em relação ao conjunto de todas essas disciplinas distribuídas nas 3200 horas prescritas para o curso, as autoras afirmam que, de um modo geral,

> Pode-se inferir que o currículo efetivamente desenvolvido nesses cursos de formação de professores tem uma característica fragmentária, com

> um conjunto disciplinar bastante disperso. Isto se confirma quando se examina o conjunto de disciplinas em cada curso, por semestre e em tempo sequencial, em que, via de regra, não se observam articulações curriculares entre as disciplinas (Gatti; Nunes, 2009, p. 22)

Essa constatação das autoras vai de encontro ao previsto nas DCNs, em seu quinto artigo, ao indicar que o egresso do curso de Pedagogia deverá estar apto a ensinar Língua Portuguesa, Matemática, Ciências, História, Geografia, Arte, Educação Física, de forma interdisciplinar e adequada às diferentes fases do desenvolvimento humano (Brasil, 2006).

Na referida pesquisa, as disciplinas correspondentes a esses conteúdos do currículo dos Anos Iniciais da Educação Básica e suas didáticas específicas e/ou metodologias e práticas de ensino foram agrupadas na categoria *Conhecimentos relativos à formação profissional específica*. Ao computarem a carga horária das disciplinas dessa categoria nos diferentes projetos pedagógicos das instituições participantes do estudo, constataram que ela representa apenas 28% da carga horária total dos cursos. Assim, as autoras argumentam que "pode-se inferir que a parte curricular que propicia o desenvolvimento de habilidades profissionais específicas para a atuação nas escolas e nas salas de aula fica bem reduzida" (Gatti; Nunes, 2009, p. 23), além do fato de que, ainda segundo as pesquisadoras, o que predomina nessas disciplinas são os referenciais teóricos, seja de natureza sociológica, psicológica ou outros, com pouca associação às práticas educacionais. Afirmam, finalmente, que a pesquisa "torna evidente como os conteúdos específicos das disciplinas a serem ministradas em sala de aula não são objeto dos cursos de formação inicial do professor" (p. 24).

O outro estudo, desenvolvido por Libâneo (2010) com cursos de Pedagogia do estado de Goiás, reafirma os dados da pesquisa nacional realizada por Gatti e Nunes (2009). O autor constata que nas instituições pesquisadas naquele estado a formação profissional específica do professor dos anos iniciais da educação básica fica com 28,95%, em média, da carga horária total dos cursos. Ele afirma que:

> Em relação aos conteúdos específicos do currículo do ensino fundamental, constatou-se que estão praticamente ausentes. Embora estejam registradas na grade curricular disciplinas que trazem os termos "fundamentos de..." ou "conteúdos de...", os conteúdos específicos a serem ensinados nos anos iniciais não aparecem, evidenciando uma grave lacuna na formação. (Libâneo, 2010, p. 578)

Os dados apresentados por essas pesquisas (Gatti; Nunes, 2009; Libâneo, 2010) confirmam que a sobrecarga de atribuições previstas para o pedagogo nas DCNs do curso provocou um inchaço e uma difusão de disciplinas que, embora ainda centralizadas em torno da docência nos anos iniciais da Educação Básica, não permitem que essa Licenciatura debruce-se *efetiva e exclusivamente* sobre a formação dos professores para a Educação Infantil e Anos Iniciais do Ensino Fundamental.

Cabe ainda destacar dois aspectos fundamentais para o entendimento das dificuldades em torno da melhoria do curso de Pedagogia no que se refere à formação dos professores dos Anos Iniciais da Educação Básica. O primeiro aspecto refere-se às questões organizacionais do curso em torno de suas matrizes curriculares. Sobre esse aspecto, identificamos dois problemas nucleares: 1º) ausência nos projetos pedagógicos dos cursos (PPCs) de uma aproximação do futuro professor com a realidade das escolas públicas. De modo geral, não existem parcerias formais firmadas entre as instituições de ensino superior (IESs) e as escolas e/ou redes de ensino, que contemplem a corresponsabilidade de ambas instituições (a formadora e a escola pública) na formação do futuro professor. Desse modo, persiste uma burocratização dos estágios supervisionados, que poderiam assumir a centralidade dos PPCs (Silvestre, 2011). 2º) descompasso entre os PPCs, que estão voltados para uma organização curricular *disciplinar,* e a prática docente *polivalente* que os professores dos Anos Iniciais devem exercer. Ou seja, as IESs continuam desconsiderando que a prática docente nos Anos Iniciais da Educação Básica ocorre na perspectiva da polivalência, à medida que suas matrizes curriculares continuam oferecendo as disciplinas dos conteúdos escolares (artes, matemática, história, geografia etc.) atomizadas, sem nenhuma abordagem interdisciplinar que favoreça a integração entre esses conteúdos no planejamento de ensino do professor da Educação Infantil e/ou Anos Iniciais do Ensino Fundamental. São raríssimos os PPCs que avançam numa perspectiva de enfoque globalizador de seus currículos.

O outro aspecto fundamental a ser considerado na persistente desqualificação da formação inicial dos professores dos Anos Iniciais refere-se à privatização dos cursos de Pedagogia. Esses cursos são oferecidos no Brasil majoritariamente pelas IESs privadas, e praticamente sem dispositivos legais que as comprometam com a melhoria dos cursos que oferecem. Via de regra, tratam-se de cursos aligeirados, em boa parte oferecidos à distância, e em condições totalmente desfavoráveis no que se refere tanto ao trabalho de seus professores, quanto aos processos formativos de seus alunos — os futuros professores dos anos iniciais.

A combinação desses dois aspectos em destaque evidencia a gravidade em que se encontram os cursos de formação dos professores que serão responsáveis pelo início da educação escolar das crianças que adentram no ensino público brasileiro. Se as IESs públicas, e mesmo aquelas poucas privadas, que se empenham em oferecer um curso em melhores condições não conseguem avançar na superação das questões organizacionais citadas anteriormente, o que podemos esperar da maioria das IESs que estão voltadas à lógica privatista de minimização de gastos e maximização dos lucros? É sempre bom lembrar que educação de qualidade exige sim investimento financeiro maciço, e no caso da formação de professores, isso se traduz na duração do curso (mínimo de quatro anos), na proporção professor formador *versus* número de alunos por turma, bolsas de estudos aos professores coformadores que atuam nas escolas públicas, políticas de permanência aos licenciandos, equipamentos oferecidos pelas IESs aos seus alunos: laboratórios de ensino, bibliotecas etc.

Assim, o que queremos problematizar é que a luta histórica dos educadores para formar o professor dos Anos Inicias do Ensino Fundamental em nível superior foi um tiro que saiu pela culatra.

Na lógica das IES privadas, a formação desses professores não foi necessariamente elevada a um patamar superior. Em alguns casos, a formação inicial oferecida anteriormente, em nível médio, por algumas redes públicas de ensino, era efetivamente superior em relação ao que hoje é oferecido nas IESs privadas. Ilustra essa tese os cursos do CEFAM — Centro Específico de Formação e Aperfeiçoamento do Magistério, oferecidos na década de 1990 pela Secretaria de Educação do Estado de São Paulo.

6. Indicações para o curso de Bacharelado em Pedagogia

Recuperando o que foi apresentado anteriormente, o debate sobre a constituição do curso de Bacharelado em Pedagogia justifica-se por duas demandas prementes. A primeira, que trataremos a seguir, refere-se à necessidade do curso de Pedagogia retomar efetivamente a formação dos pedagogos. A segunda demanda reporta-se à necessidade de liberar o curso de Licenciatura em Pedagogia para se dedicar, com profundidade e exclusividade, na urgente responsabilidade de formar com competência técnica e política os professores para os Anos Iniciais da Educação Básica.

Nos atuais cursos de Licenciatura em Pedagogia, a formação do pedagogo está tão fragilizada quanto a formação dos professores dos Anos Iniciais da Educação Básica. A disputa pela carga horária, de modo que contemple as áreas da gestão educacional e da docência, desfavorece tanto a formação de um quanto do outro. Considerar uma nova estruturação do curso que contemple exclusivamente a formação do pedagogo, além de recuperar as experiências históricas dessa formação, aliadas às atuais demandas para o trabalho desse profissional, pode também favorecer a consolidação de sua licenciatura em torno da formação dos professores da Educação Infantil e dos Anos Iniciais do Ensino Fundamental.

Essa nova estruturação do curso — que estamos identificando como Bacharelado — estaria organicamente articulada não somente com a Licenciatura em Pedagogia, mas também com as demais licenciaturas. Nesse sentido, é necessário considerar outras estruturações possíveis que superem as heranças, já esgotadas, dos cursos de Bacharelado e Licenciatura falsamente integrados pela tradição do esquema 3+1.

Desse modo, o curso de Bacharelado em Pedagogia contemplaria exclusivamente a formação do pedagogo, tanto para atuar nas diferentes esferas dos diferentes sistemas de ensino, quanto para atuar em outros contextos educacionais. Nesse sentido, como já argumentado em outros estudos (Pinto, 2011a; Pinto, 2011b), o exercício da docência estaria articulado somente à formação do pedagogo escolar. O pedagogo para atuar em espaços educativos não escolares poderia seguir um percurso formativo desvinculado da docência.

A seguir, indicarei alguns aspectos que poderiam ser atendidos com o curso de Bacharelado. O primeiro trata-se certamente do que considero ser sua centralidade: a formação do pedagogo escolar (Pinto, 2011a) — o profissional de ensino que atua na unidade escolar, fora da sala de aula, nas funções de coordenação pedagógica, orientação educacional, direção e vice-direção, assim como em outras instâncias dos sistemas de ensino (na rede de ensino paulista, há o *supervisor de ensino*, que atua na interligação entre as Diretorias de Ensino e as escolas). Ou seja, estamos aqui nos referindo às funções que atualmente são identificadas genericamente como a área de *gestão educacional*.

Um curso específico para a formação de pedagogos, na área de gestão educacional, permitiria abordar as diferentes atribuições do pedagogo escolar conforme a função que ele ocupa no interior da escola (coordenação pedagógica, direção escolar etc.), assim como considerar as especificidades dessas diferentes funções de acordo com o nível de ensino em que atua. Entendo que essa última consideração é emblemática em relação às fragilidades do atual curso de Licenciatura. Uma vez que sua centralidade é a formação do professor para Educação Infantil e Anos Iniciais do Ensino Fundamental, a área de gestão educacional acabou ficando também circunscrita a esses níveis de ensino. Seus alunos pouco contato têm com o cotidiano e a realidade dos anos finais do Ensino Fundamental e Ensino Médio. Isso acaba repercutindo na área de gestão educacional. É importante lembrar que o gestor educacional formado nesse curso está habilitado para atuar em todos os níveis da Educação básica. Entretanto, em seus processos formativos, as disciplinas que cursam estão mais voltadas para os Anos Iniciais da Educação Básica. Essa situação pode ser exemplificada com a área de Psicologia da Educação. Geralmente elas desenvolvem conteúdos sobre as teorias de aprendizagem de crianças pequenas e raramente tratam das questões relacionadas às aprendizagens dos adolescentes que, por sinal, extrapolam o campo da Psicologia. Nesse sentido, o gestor educacional que atua no Ensino Médio e anos finais do Ensino Fundamental deveria ter uma sólida formação sobre o mundo juvenil, nos diferentes contextos social, econômico e cultural de nosso país, o que implicaria em estudos sociológicos e antropológicos, além dos psicológicos.

Um curso de Pedagogia centralizado na formação de pedagogos escolares permitiria, assim, abordar as especificidades da gestão educacional no campo da Educação Infantil, nos dois ciclos do Ensino Fundamental, no Ensino Médio, no Ensino Profissional, na Educação de Jovens e Adultos e, inclusive, iniciar estudos sobre a Pedagogia Universitária. A atuação do pedagogo no ensino superior vem crescendo nos últimos anos, à medida que esse nível de ensino se expande no país, e muitas Instituições de Ensino Superior (IES) já buscam pelo pedagogo para trabalhar com os coordenadores dos cursos de graduação, subsidiando-os no atendimento pedagógico (professores) e educacional (alunos).

Um curso de Bacharelado em Pedagogia também permitiria traçar um percurso formativo específico para as áreas educacionais não escolares, de modo que não ficasse necessariamente atrelado à docência. Cabe lembrar que são muitas as áreas de atuação do pedagogo em diferentes contextos educacionais, conforme já apresentado por Libâneo (2011, p. 74-75), mas é importante destacar, em especial, a crescente demanda de pedagogos para a área de Pedagogia Hospitalar.

Para finalizar, vale mencionar que um curso específico para a formação do pedagogo permitiria também, em melhores condições, formar efetivamente o *pesquisador em educação*, conforme já previsto nas atuais DCNs, pois no âmbito da Licenciatura em Pedagogia essa incumbência fica comumente reduzida aos Trabalhos de Conclusão de Curso. Nessa perspectiva, o curso também poderia inclusive contribuir com os debates sobre a complexidade epistemológica da Pedagogia como campo de conhecimento, conforme exposto anteriormente.

Referências

BRASIL. Conselho Nacional de Educação. Resolução n. 1/2006. Diretrizes Curriculares da Pedagogia. *Diário Oficial da União*, n. 92, seção 1, p. 11-12, 16 maio 2006.

CHAGAS, Valnir. *Formação do magistério*: novo sistema. São Paulo: Atlas, 1976.

FRANCO, Maria A. R. S. *Pedagogia como ciência da educação*. 2. ed. São Paulo: Cortez, 2008.

GATTI, Bernadete; NUNES, M. M. R. (Orgs.). *Formação de professores para o ensino fundamental*: estudo de currículos das licenciaturas em Pedagogia, Língua Portuguesa, Matemática e Ciências Biológicas. São Paulo: FCC; DPE, 2009.

LIBÂNEO, José C. O ensino de Didática, das metodologias específicas e dos conteúdos específicos do ensino fundamental nos currículos dos cursos de pedagogia. *Revista Brasileira de Estudos Pedagógicos*. Brasília, v. 91, n. 229, p. 562-583, set./dez. 2010.

______. Ainda as perguntas: o que é Pedagogia, quem é o pedagogo, o que deve ser o curso de Pedagogia. In: PIMENTA, Selma G. (Org.). *Pedagogia e pedagogos:* caminhos e perspectivas. 3. ed. São Paulo: Cortez, 2011.

______. Educação, pedagogia e didática — o campo investigativo da pedagogia e da didática no Brasil: esboço histórico e buscas de identidade epistemológica e profissional. In: PIMENTA, Selma G. (Org). *Didática e formação de professores*: percursos e perspectivas no Brasil e em Portugal. 3. ed. São Paulo: Cortez, 2000.

LIBÂNEO, José C.; PIMENTA, Selma G. Formação dos profissionais da educação: visão crítica e perspectivas de mudança. *Educação & Sociedade*, n. 68, 1999.

PIMENTA, Selma G. Panorama atual da Didática no quadro das Ciências da Educação: Educação, Pedagogia e Didática. In: ______. (Org.). *Pedagogia, Ciência da Educação?* 6. ed. São Paulo: Cortez, 2011.

______. Formação de professores: identidade e saberes da docência. In: ______. *Saberes pedagógicos e atividade docente*. São Paulo: Cortez, 1999.

PINTO, Umberto. A. *Pedagogia escolar*: coordenação pedagógica e gestão educacional. São Paulo: Cortez, 2011a.

______. O pedagogo escolar: avançando no debate a partir da experiência desenvolvida nos cursos de Complementação Pedagógica. In: PIMENTA, Selma G. (Org.). *Pedagogia e pedagogos*: caminhos e perspectivas. São Paulo: Cortez, 2011b.

______. A didática e a docência em contexto. In: MARIN, Alda J.; PIMENTA, Selma G. (Orgs.). *Didática*: teoria e pesquisa. Araraquara (SP): Junqueira & Marin Editores, 2015.

RIOS, Terezinha A. *Compreender e ensinar:* por uma docência da melhor qualidade. 4. ed. São Paulo: Cortez, 2003.

SAVIANI, Dermeval. *Educação*: do senso comum à consciência filosófica. São Paulo: Cortez, 1985.

SCHMIED-KOWARZIK, Wolfdietrich. *Pedagogia dialética*: de Aristóteles a Paulo Freire. Trad. Wolfgang Leo Maar. São Paulo: Brasiliense, 1988.

SILVESTRE, Magali A. Prática de Ensino e Estágios Supervisionados: da observação de modelos à aprendizagem da docência. Revista *Diálogo Educacional* (PUC-PR), v. 11, p. 835-861, 2011.

TARDIF, M. *Saberes docentes e formação profissional*. Petrópolis: Vozes, 2002.

Sobre os autores

Alexandre de Paula Franco Doutor em Didática pela Faculdade de Educação da Universidade de São Paulo — FEUSP (2014), Mestre em Didática, Práticas Escolares e Teorias do Ensino pela mesma universidade (2008), possui graduação em Pedagogia e Administração Escolar pela Universidade Guarulhos — UnG (2000) e Licenciatura Plena em Geografia pela Faculdade de Filosofia, Ciências e Letras de Guarulhos — FFCL (1995), além de Especialização em Ensino de Geografia pela PUC-SP (1998), Especialista em Didática do Ensino Superior pela FFCL Guarulhos (1999), e em Gestão da Rede Pública pela Faculdade de Economia e Administração da Universidade de São Paulo — FEA USP (2013). Atualmente é Supervisor de Ensino Titular de cargo efetivo da Secretaria de Educação do Estado de São Paulo, Docente Efetivo no Instituto Federal de Educação, Ciência e Tecnologia — IFSP, área Educação/Pedagogia, e Docente do Curso de Pedagogia no Centro Universitário Salesiano de São Paulo — UNISAL. Tem experiência na área de Educação, com ênfase em Didática e Gestão Escolar, atuando nos seguintes temas: supervisão de ensino, direção e coordenação pedagógica, fazeres escolares, profissionalização, práticas de ensino e formação docente. Autor de publicações relacionadas às áreas de organização do ensino, formação de professores e gestão em educação.

Cristina Cinto Araujo Pedroso Graduada em Pedagogia pela Pontifícia Universidade Católica de São Paulo — PUC-SP (1991), Mestre em Educação Especial pela Universidade Federal de São Carlos — UFSCar (2001) e Doutora em Educação Escolar pela UNESP de Araraquara (2006). Docente na Universidade de São Paulo (USP-RP), na Faculdade de Filosofia, Ciências e Letras de Ribeirão Preto, no Departamento de Educação, Informação e Comunicação. Tem experiência na área de Educação, com ênfase nos seguintes temas: formação de professores, didática, educação especial e educação inclusiva. Pesquisadora vinculada ao Grupo de Estudos e Pesquisas sobre Formação de Educador (GEPEFE).

Isaneide Domingues Doutora em Educação pela Universidade de São Paulo — USP (2009), mestra em Educação pela Universidade de São Paulo (2004) e graduada em Letras pela Universidade Cidade de São Paulo — Unicid (1988), atuou como docente na educação básica (1988-1995) e ocupou cargo de coordenação pedagógica (1996- 2016) na rede pública de ensino. Trabalhou com formação continuada de educadores em órgão intermediário da Secretaria Municipal de Educação de São Paulo (2002-2004) e como professora na pós-graduação. Atua como pesquisadora do Grupo de Estudos e Pesquisas sobre Formação de Educador (GEPEFE) FEUSP e na formação contínua de professores. Tem se dedicado à pesquisa em que enfatiza temas como profissionalidade docente, formação contínua de educadores, coordenação pedagógica e formação de professores nos cursos de Pedagogia. Com experiência na área de Educação, atua principalmente nas temáticas: alfabetização, coordenação pedagógica, profissionalidade docente e formação de professores.

José Carlos Libâneo Graduado em Filosofia, mestrado em Filosofia da Educação e doutorado em Filosofia e História da Educação pela Pontifícia Universidade Católica de São Paulo — PUC-SP (1990). Pós-doutorado pela Universidade de Valladolid. Professor Titular aposentado da Universidade Federal de Goiás (UFG). Atualmente é Professor Titular da Pontifícia Universidade Católica de Goiás, atuando no Programa de Pós-Graduação em Educação, na Linha de Pesquisa Teorias da Educação e Processos Pedagógicos. Coordena o Grupo de Pesquisa do CNPq: Teoria histórico-cultural e práticas pedagógicas. É membro do Conselho Editorial de várias revistas especializadas em Educação. Pesquisa e escreve sobre os seguintes temas: didática, formação de professores, ensino e aprendizagem, políticas para a escola, organização e gestão da escola. Atualmente desenvolve pesquisas dentro da teoria histórico-cultural, com ênfase no ensino-aprendizagem. É membro do GT Didática da Associação Nacional de Pesquisa e Pós-graduação em Educação (ANPEd).

José Cerchi Fusari Possui graduação em Pedagogia pela Pontifícia Universidade Católica de São Paulo — PUC-SP (1968), Especialização em Orientação Educacional pela PUC-SP (1969), especialização em Aperfeiçoamento do Curso Normal pela Escola Normal Particular Santo André (1964), especialização em Treinamento de Professores pelo Grupo Escolar Ginásio Experimental Dr. Edmundo de Carvalho (1972), especialização em Subsídios para o Trabalho Educativo pelo Grupo Escolar Ginásio Experimental Dr. Edmundo de Carvalho (1971), especialização em Treinamento Sobre a Lei n. 5.692/71 pelo Grupo Escolar Ginásio Experimental Dr. Edmundo de Carvalho (1971), especialização em Criatividade pelo Grupo Escolar Ginásio Experimental Dr. Edmundo de Carvalho (1972), especialização em Introdução à Supervisão Moderna pela Faculdades Metropolitanas Unidas — FMU (1972), mestrado em Filosofia da Educação pela PUC-SP (1988), doutorado em Educação pela Universidade de São Paulo — FEUSP (1998) e aperfeiçoamento em Organização e Funcionamento de Sistemas de Formação pelo Centro Internacional de Perfeccionamiento Profesional y Tecnico Turin (1983). Atualmente é professor titular da Universidade de São Paulo. Tem experiência na área de Educação, com ênfase em Ensino-Aprendizagem. Atuando principalmente nos seguintes temas: Formação contínua, Representações de coordenadores pedagógicos.

José Leonardo Rolim de Lima Severo Doutor e Mestre em Educação pelo Programa de Pós-Graduação em Educação da Universidade Federal da Paraíba (UFPB). Licenciado em Pedagogia pela Universidade Federal de Campina Grande (UFCG). Professor Adjunto da Universidade Federal da Paraíba, atuando no Departamento de Habilitações Pedagógicas do Centro de Educação, em João Pessoa — PB. Suas pesquisas e produção acadêmica centram-se na área de Educação, com ênfase no estudo epistemológico da Pedagogia e dos métodos de produção do conhecimento pedagógico, Educação Não Escolar, Desenvolvimento Curricular e Pedagogia Social.

Maria Letícia Barros Pedroso Nascimento Pedagoga pela Faculdade de Educação da Universidade de São Paulo — FEUSP (1981), Mestre (1997) e Doutora (2003) em Educação pela FEUSP. Pós-doutorado (Sociologia da Infância) na University of Sussex (2014). Professora Livre-docente Associada (2016). Desde 2007 é docente da Faculdade de Educação da Universidade de São Paulo — FEUSP. É membro do GT07 — Educação de crianças de 0 a 6 anos da Associação Nacional de Pós-Graduação e Pesquisa em Educação

(ANPEd), do qual foi coordenadora (2010-2013). Estuda e pesquisa os campos da Educação Infantil, com destaque à creche, e da Sociologia da Infância. Coordena o Grupo de Estudos e Pesquisa Sociologia da Infância e Educação Infantil (GEPSI).

Marineide de Oliveira Gomes Pedagoga, Mestre e Doutora em Educação pela Universidade de São Paulo (FEUSP) com pós-doutoramento pela Universidade Católica Portuguesa (UCP/FCH) — campus Lisboa (2013/2014). Pesquisadora dos temas da formação de professores, professores das escolas da infância e políticas públicas para a infância. Professora-pesquisadora da Universidade Católica de Santos (Unisantos/SP). Líder do Observatório de Profissionais da Educação: Pesquisa-Formação (Unisantos/CNPq) e pesquisadora do Grupo de Estudos e Pesquisas sobre a Formação de Educador (GEPEFE) e do Grupo de Estudos e Pesquisas sobre Escola Pública, Infâncias e Formação de Educadores — GEPEPINFOR (UNIFESP — campus Guarulhos/CNPq).

Selma Garrido Pimenta Possui graduação em Pedagogia pela Pontifícia Universidade Católica de São Paulo (1965), mestrado em Educação: Filosofia da Educação pela Pontifícia Universidade Católica de São Paulo (1979) e doutorado em Educação: Filosofia da Educação pela Pontifícia Universidade Católica de São Paulo (1985). Atualmente é Professora Titular Sênior da Faculdade de Educação da Universidade de São Paulo (FEUSP) e Professora Assistente no Programa de Pós-Graduação em Educação da Universidade Católica de Santos. Coordena (em parceria) o GEPEFE — Grupo de Estudos e Pesquisas sobre Formação do Educador desde 1989, junto ao programa de Pós-Graduação em Educação da FEUSP. Foi coordenadora do Programa de Pós-Graduação em Educação na FEUSP (1997-1999) e Diretora da FEUSP (2002-2005). Foi Pró-Reitora de Graduação da USP (2006-2009). Atuou como Membro do Comitê de Avaliação da área de Educação junto à Capes (2001-2003). É Membro do GT Didática da ANPEd — Associação Nacional de Pós-Graduação e Pesquisa em Educação, do qual foi coordenadora (1996-1999) e representou-o como Membro do Comitê Científico da ANPEd (por quatro anos). Tem experiência na área de Educação, atuando principalmente nos seguintes temas: formação de professores, didática, pedagogia e pesquisa educacional. As pesquisas mais recentes são no campo da Pedagogia Universitária e Docência no Ensino Superior. É Pesquisador 1 A CNPq.

Umberto de Andrade Pinto Possui graduação em Pedagogia e especialização em Filosofia da Educação pela Pontifícia Universidade Católica de São Paulo (1982, 1986), mestrado em Educação Superior pela Pontifícia Universidade Católica de Campinas (2000) e doutorado em Educação pela Universidade de São Paulo (2006). É integrante de dois grupos de pesquisa: GEPEFE/FEUSP e GEPEPINFOR/Unifesp e professor adjunto do departamento de Educação da Universidade Federal de São Paulo. Tem experiência na área de Educação, com ênfase em Didática, atuando principalmente nos seguintes temas: formação docente, pedagogia, formação de pedagogos, escola pública, coordenação pedagógica e docência no ensino superior.

Valéria Cordeiro Fernandes Belletati Possui graduação em Matemática pela Universidade de São Paulo (1978), graduação em Pedagogia pela Universidade Nove de Julho (1981), mestrado em Educação pela Universidade de São Paulo (2005) e doutorado em Educação pela Universidade de São Paulo (2011). Foi professora, diretora e supervisora de escola pública do estado de São Paulo. Atuou como professora de curso superior na Faculdade Albert Einstein de São Paulo e no Instituto Federal de Educação, Ciência e Tecnologia de São Paulo. Atualmente é professora da Faculdade de Ciências da Saúde, integrante de grupo de pesquisa da Faculdade de Educação da Universidade de São Paulo — GEPEFE — desde 2002. Tem experiência na área de Educação, com ênfase em Didática, Teorias de Ensino e Práticas Escolares, atuando principalmente nos seguintes temas: formação inicial e contínua de professores.

Vanda Moreira Machado Lima Doutora pela Universidade de São Paulo (2007), mestre em Educação pela UNESP/Marília (2003) e graduada em Pedagogia pela UNESP/ Presidente Prudente (1998). Atualmente é professora na UNESP/FCT, Campus de Presidente Prudente, lecionando nos cursos de graduação em licenciatura (desde 2009) e também professora do Programa de Pós-Graduação em Educação da FCT/UNESP (desde 2016). Membro do Grupo de Estudos e Pesquisas sobre a Formação de Educador da USP/São Paulo (GEPEFE/FEUSP) desde 2004 e membro do GPFOPE/FCT-UNESP. Desenvolve pesquisas na área de Formação de Professores, Professor Polivalente (Anos Iniciais), Curso de Pedagogia, Políticas Educacionais e Gestão Educacional, com ênfase no espaço da escola pública de educação básica. Coordenadora do curso de Pedagogia da FCT/UNESP desde julho de 2015.

LEIA TAMBÉM

PEDAGOGIA E PEDAGOGOS PARA QUÊ?

José Carlos Libâneo

12ª edição/6ª reimp. (2017)
208 páginas
ISBN 978-85-249-0697-8

O livro discute questões relacionadas com o campo teórico da Pedagogia, a prática educativa com as demais ciências da educação, identidade profissional do pedagogo e seu papel diante das realidades contemporâneas. O autor defende a especificidade dos estudos pedagógicos e o estudo do pedagogo especialista, profissional que faz reflexão teórico-prática sobre educação e ensino e exerce em âmbito escolar e extraescolar atividades não diretamente docentes, como a administração e coordenação pedagógica de escolas, a orientação educacional, o planejamento e formulação de políticas educacionais, a pesquisa especializada, a avaliação educacional, a animação cultural, a formação continuada de profissionais.

LEIA TAMBÉM

PEDAGOGIA ESCOLAR
coordenação pedagógica e gestão educacional

Umberto de Andrade Pinto

1ª edição/2ª reimp. (2015)
184 páginas
ISBN 978-85-249-1829-2

Este livro destina-se aos profissionais de ensino que atuam nas escolas ocupando as diferentes funções que dão apoio ao trabalho dos professores e dos alunos (diretores, vice-diretores, coordenadores pedagógicos, orientadores educacionais), em especial, aos estudantes dos cursos de Pedagogia, aos alunos das demais Licenciaturas, e todos aqueles interessados na melhoria do ensino público brasileiro.

LEIA TAMBÉM

PEDAGOGIA E PEDAGOGOS:
caminhos e perspectivas

Selma Garrido Pimenta (Org.)

3ª edição/1ª reimp. (2015)
200 páginas
ISBN 978-85-249-1746-2

Análise crítica da formação dos profissionais da educação no Brasil, explicitando as ambiguidades do curso de Pedagogia. Este livro indica sugestões de organização institucional e possíveis percursos de formação desses profissionais.

O COORDENADOR PEDAGÓGICO
e a formação contínua do docente na escola

Isaneide Domingues

1ª edição/2ª reimp. (2017)
176 páginas
ISBN 978-85-249-2293-0

A obra debate a burocratização da escola, na medida em que busca combater o reducionismo que lhe é imposto no cumprimento de seu papel de promotora do conhecimento, da cultura e da integração social.